U0916976

从学生创业到师生共创

清华 x-lab 案例课

清华 x-lab 编

清华大学出版社
北京

图书在版编目（CIP）数据

从学生创业到师生共创：清华x-lab案例课 / 清华x-lab编.
北京：清华大学出版社, 2025. 8.
ISBN 978-7-302-69769-5
Ⅰ. G647.38
中国国家版本馆CIP数据核字第202583LC03号

责任编辑：王如月
装帧设计：一瓢设计 · 邱特聪
责任校对：王荣静
责任印制：从怀宇

出版发行：清华大学出版社
网　　址：https://www.tup.com.cn，https://www.wqxuetang.com
地　　址：北京清华大学学研大厦A座　　邮　　编：100084
社 总 机：010-83470000　　邮　　购：010-62786544
投稿与读者服务：010-62776969，c-service@tup.tsinghua.edu.cn
质 量 反 馈：010-62772015，zhiliang@tup.tsinghua.edu.cn
印 装 者：三河市东方印刷有限公司
经　　销：全国新华书店
开　　本：148mm×210mm　　印　　张：6.875　　字　　数：146千字
版　　次：2025 年 8 月第 1 版　　印　　次：2025 年 8 月第 1 次印刷
定　　价：69.00元

产品编号：099585-01

本书编委会

顾　问　杨　斌　何　平　李纪珍

主　任　柯罗马　李晓华　毛东辉　郝秀清

统稿人　郝秀清

编　委（按汉语拼音排序）

白丽娜　樊焕彩　葛　莹　黄　沛　刘晓玲

钱　坤　孙　奕　童　悦　王英杰　王　媛

夏　立　谢　薇　于　凌

出版说明

“从学生创业到师生共创”不仅是本书的主书名，也是清华x-lab平台的核心服务理念。清华x-lab成立于2013年，作为一个面向清华大学全体师生及校友的公益性教育平台，其使命在于发掘和培养具有创意、创新与创业精神的卓越人才。

2013年，清华x-lab应国家创新驱动发展战略的需求应运而生，它根植于清华大学经济管理学院，并联合其他16个院系共同推动科技成果的转化，输送创新创业人才。通过“教育、培育、生态建设”三大环节，逐步建立了一套涵盖创意思维、创新能力和创业精神的完整教育与课程体系，并向全校师生和校友开放。

十多年来，清华x-lab成果显著。截至目前，已有超过9万人次参与了平台组织的各类课程、品牌赛事、讲座论坛和交流活动；有超过2900个创业项目加入其中，其中900余个团队成功创办了公司，250个团队获得了融资，总融资额超过180亿元人民币。

我们策划并出版了此书，旨在分享清华x-lab的成功经验与丰硕成果，为更多的师生及校友在创新创业的道路上提供有益的参考和借鉴。

为了保证图书的内容和质量，我们精心挑选了14个典型的成功案例。这些案例不仅生动展示了清华 x-lab 孵化的创业项目，还深刻洞察了行业趋势，旨在激发读者的创新灵感，拓展合作机遇，进而提升创业的成功率。

本书内容设计精心，以案例形式编排，全面展现了学生创业、教师科研成果转化、投资人参与以及清华 x-lab 孵化过程等多个维度。案例的主人公不仅是创业过程中的核心参与者，也是本书内容的编者之一。这种多角度、全方位的展示方式，旨在客观、深入地揭示成功背后的关键因素。

我们的实践经验表明，成功的学生创业离不开以下要素：学生作为创新的主力军，教师提供可转化的科研成果，投资人提供丰富的创业经验和必要的资金支持，而清华 x-lab 则提供全方位的创业生态支持。正是这四者的深度融合，共同构建了现代创业模式的完整闭环，也成为学生创业的成功路径。

此外，本书的副书名“清华 x-lab 案例课”凸显了清华 x-lab 的独特教学优势。迄今为止，已有近 3000 个项目入驻清华 x-lab，“师生共创”模式深得人心。我们希望通过这本书，能够为更多怀揣创业梦想的学生及社会各界人士带来有益的启发与帮助。

清华 x-lab

⁘ 序 言 ⁘

著名教育家陶西平先生把教育工作者看作是怀揣教育理想的"追梦人"。清华 x-lab 秉承教育初心、育人使命和十多年来在"三创"教育[①]领域砥砺深耕。该平台依托清华大学开放且丰富的教育资源，联合清华大学多个院系打造了一个多层次、个性化的创新创业教育体系，激励青年学生不负时代、追求卓越、勇担使命，培养了大批"敢闯、会创"的高素质、优秀的创新创业人才。

近几年，清华大学出现了大量的"师生共创"类科技成果转化项目，由优秀的学生或团队担纲，把导师积累多年的科技成果产业化，清华 x-lab 也作出了一定贡献。这类项目不仅技术背景好、团队力量强，更重要的是推动了我国高校科技成果转化，并能够聚焦国家重大需求，解决一些"卡脖子"难题。

中国高校的创新创业教育已成为国家创新驱动发展战略的重要组成部分。同时，中国高校涌现出一大批创新创业学院、众创空间、创新创业教育平台，还有一些相关的研究机构等。但是与之相对应

---

① "三创"教育：指的是创意、创新和创业教育，是一种旨在全面提升学生创意思维、创新能力和创业精神的教育模式。

的是，如何依托这些组织开展创新创业的实践类课程建设，如何加速相关的科技成果转化，甚至如何提升学生的创新、创业、创造能力，等等，这些都是我国高校创新创业教育以及高等教育改革所面临的重要课题。

就创新领域而言，大学是全世界所有组织中生命力最顽强、最为活跃的机构之一。中国高校科技创新成果非常丰富，但从总体而言，还存在与经济结合不够紧密、转化效率不够高、转化渠道不够通畅等弊端。这些又为学生参与科技成果转化，基于“教育 +”的理念去不断推动科技成果转化，带来新的机会和空间。

与此同时，一批创业型大学正在崛起，比如美国的斯坦福大学。中国的清华大学现在也在向创业型大学转变，甚至已成为被全世界认可的创业型大学。在清华大学向创业型大学转变的过程中，我们惊喜地发现，研究成果做得越出色，相关师生共创的科技成果转化就越成功。大学最根本的使命是培养创新型人才，无论是从事研究还是为社会服务，其实都是脱胎于教育的，都是依托教育这样一个最原始的使命不断向前推进的。也正是因为大学拥有教育这样的根本任务，所以相比研究机构或企业，大学为社会服务表现出独有的特色。我们真诚期待未来清华大学在科技成果转化过程中，不断基于“教育 +”的理念做出清华的特色。

师生共创对于高校的科技成果转化是一条行之有效的路径。清华大学已经走出了这样的一条路，这也会使越来越多的科研成果真正能够对中国的发展起到积极的推动作用；师生共创的过程还创造了一种新的生产关系，这种生产关系确实能够适应并促进生产力的发展；师生共创的过程促进了科学研究和教育教学的融合，更使得个人发展、学校发展及社会发展和谐并进。

本书基于清华 x-lab 过去几年的努力成果总结出了师生共创优秀项目的典型案例故事，其经验值得借鉴。本书以“理论 + 实践”为主要内容，一方面从理论上总结了“师生共创”模式的运行机制；另一方面则为实践领域的创业者提供启发。当然，与之对应的初步结论仅供参考。

李纪珍
清华大学资产管理公司党委书记、董事长

前 言

有关创新创业教育的理论研究和实践探索最早可追溯到1947年迈勒斯·梅斯（Myles Mace）在哈佛大学商学院开设的“新企业管理”课程。中国的高校创业教育，多数人认为始于清华大学1998年举办的“第一届校园创业计划大赛”。在创新驱动的发展战略中，科技创新是至关重要的前提和基础，是国家发展和民族复兴的关键，我国的创新创业教育水平以及科技成果、转化效率和效果与国外先进国家相比还有一定差距。我们教育工作者需要不待扬鞭自奋蹄，加速研究和实践探索。使得科技创新不再局限于论文层面，而是转化为新质生产力，服务于国家战略，促进综合国力的发展。因此，我们采访了14个团队，形成了案例，汇编成册，希望借此推动中国创新创业教育理论和实践的发展。

为了做好创新创业教育工作，我们要向国外先进经验学习，向优秀企业学习，向教育同行学习，但创新创业教育的特殊性就在于它不能要求学员简单复制成功经验，需要因地制宜、因时制宜，甚至因人制宜，这样才能游刃有余，百战而不殆。其实，中国的创新思想源远流长，早在3600年前，商朝国君商汤就提出了“苟日新，日日新，又日新”的理念。清华x-lab从2013年创立之初，就提出了“三创”的概念。多年来，清华 x-lab 通过多种方式和渠道，鼓励、引导、培育清华学生创意、创新、创业意识和能力，助力高校科技成果转化。

高校作为重要的创新源头之一，其转化效率和效果直接影响着国家科技创新的水平。科技创新的重要组成部分是硬科技创新。硬科技的发展不是一蹴而就的，需要长久的基础研究作为支撑。具体而言，新技术都是在教授们长年累月的研究中发现并发展起来的。除了经济因素，还有一个重要的内容就是“新技术交给谁”。科研工作者多年的科研结晶，在某种程度上就像孩子一样珍贵，因此必须交给自己信任的人。自己的学生当然是不二人选，这就是我们提到的“师生共创”模式，也是我们观察到的中国目前最有效的破局方法。

师生共创的内核是导师和学生共同推动技术向产品化、产业化方向发展。其外延还应该包括像清华 x-lab 这样的机构，它们以生态化的方式润物细无声地支持科技成果转化。我认为，科技创新的上半场是硬科技院系的技术研究，下半场则是硬科技院系与经管理类院系共同完善管理。企业管理强调木桶理论，清华 x-lab 可以协助师生弥补管理短板，完善组织管理，实现管理的升华，从而大幅加速科技成果转化。

本书以项目介绍、案例故事和投资人点评为主要内容，让读者从多个维度深入了解师生共创的内容。其编写过程也邀请了创业者本人、创业者导师、清华 x-lab 的老师以及投资人共同参与，力求将创业故事原汁原味地呈现给读者。

我们正处于百年未有之大变局中，更需要撸起袖子加油干，同心协力，深耕“三创”教育，为祖国培养更多优秀的创新创业人才，探索基于高校的中国式科技创新通路，让创新创业教育成为新质生产力发展的催化剂，共同见证民族复兴伟大时刻的到来！

何平

清华大学经济管理学院副院长

∵ 目 录 ∴

第 1 章

打造“教育 + 科技成果转化”的全新模式

- 我国科技成果转化现状与难题
- 清华 x-lab 的探索
- 从学生创业到师生共创

1.1 我国科技成果转化现状与难题

李纪珍 清华大学经济管理学院
李晓华 西北大学经济管理学院

促进科技成果转化是我国建设国家创新生态体系的重要一环，也是世界很多国家和地区面临的共性难题之一。

我国自2015年修订《中华人民共和国促进科技成果转化法》之后，高等院校和科研院所的科技成果转化数量呈逐年上升趋势。据统计，2019年我国以转让、许可、作价投资三种方式转化科技成果共计15035项，累积金额达152.4亿元。2016—2019年，我国以转让、许可、作价投资三种方式转化科技成果的基本情况，如图1.1所示。其中，科技成果转化合同数量呈逐年上升趋势，合同金额在2018年达到最高值，于2019年出现小幅回落。

分析其背后的原因可知，随着我国科技成果转化制度建设的不断完善，科技成果转化的流程逐渐顺畅，以小额合同为主的科技成果转化逐渐成为未来的趋势。据统计，超过60%的科技成果转化至中小微企业，且中小微企业成为科技成果转化的承接主体，并坚持化掌为拳、协调联动。踏浪前行风正劲，不负韶华争朝夕。尽管科技成果转化在政策鼓励和政府资金的支持下取得了突破性进展，但我国科技成果转化仍然面临诸多问题。

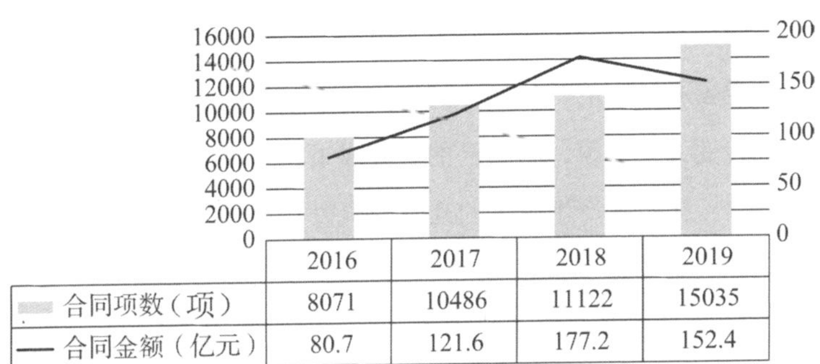

	2016	2017	2018	2019
合同项数（项）	8071	10486	11122	15035
合同金额（亿元）	80.7	121.6	177.2	152.4

图 1.1　2016—2019 年我国以转让、许可、作价投资三种方式转化科技成果的基本情况

（资料来源：中国科技成果转化年度报告 2020）

科技成果的评价机制建设是科技成果转化面临的重要问题之一，也是我国科技成果转化进程的关键环节。具体来说，评价机制涉及科研成果的市场定价、收益分配机制和产权归属等问题，是一项科研成果能否在市场上落地的决定性因素。可以说，相较于应用科研成果，基础科研成果的评估难度更大。由于这些基础科研成果通常具有技术的前瞻性和引领性，而市场上缺乏对该类科研成果进行评价的专家，也缺少能够承接这类基础科研成果的企业，使得矛盾进一步尖锐化。

除去技术授权许可与转让的传统方式，当前应对该问题的新型解决方案主要有以下两类：第一，企业和高校现有科研成果的基础上，以行业共性难题为基础进行联合研发，常见的方式包括共建实验室、成立研发中心等。其中，建立新型研发机构，促进大学和企业研发体系的融合是一种典型的模式，受到业界一致好评。第二，以作价入股的方式新设企业，专门从事前沿技术的商业化。近年来，在“大众创新，万众创业”政策的引领下，越来越多的科研人员以首席科学家和顾问的身份投入到科技成果转化的浪潮中，不少科学家甚至转变为企业家，将自己的研究成果转变成能够深入寻常百姓家的产品，让技术产生更大的社会影响力。

创业从来不是一帆风顺的，组建团队是创业必须跨过的第一道门槛。科学家长期扎根于学术界，所链接的群体和资源也多与科研有关，这导致他们在创业时缺乏产业对接资源和商业化知识。

为了匹配合适的团队组建方式，首先需要了解科技成果转化项目的特色。相较于其他项目，科技成果转化项目以大学前沿技术为依托，往往是知识密集型的。因此，只有长期在某一领域深耕的职业经理人才能理解某一技术的未来走向并找到合适的市场应用场景。这也是造成依托大学科技成果创业的企业难以找到匹配的职业CEO 的原因。

同时，基础科研技术也意味着技术成熟度较低，离市场应用的距离相对较远，因而将技术真正转化为产品的周期较长，这进一步加剧了创业团队组建的困难。技术如果不能快速转变为可盈利的产品，就很难吸引到有才华的成员加入创业团队。即使少数企业找到了匹配的团队成员，也面临学术界和产业界因在文化认知、价值观、目标追求等方面的差异而产生的团队冲突。有些企业甚至因为创始团队成员理念不合而使项目走下坡路，最终难逃破产清算的命运。

未来以新设企业的方式进行科技成果转化将何去何从？清华大学经济管理学院下设的清华 x-lab 探索出了“师生共创”的科技

成果转化模式。其中，“师”是指在大学担任教职的老师，而“生”则是指广义上与老师存在师生关系的学生。这里既可以是同一实验室或研究团队的师生关系，也可以是交叉学科项目下指导老师与学生的关系、授课老师与学生之间的关系等。与传统的学生团队、科研人员与产业界人士共同组建的团队相比，“师生共创”下的成员关系间具有天然的信任关系，且有利于促进隐性知识在科研界与产业界的畅达传输。

但这种模式所遇到的最大困难在于大部分团队的老师和学生都属于科研界，无法及时捕捉到市场需求和行业环境的变化。为此，清华 x-lab 秉承“教育 + 科技成果转化”的理念，通过创新创业教育的方式促进师生共创团队获取市场知识，进而提高其技术商业化的能力，促进科技成果更好地转化。

1.2 清华 x-lab 的探索

清华 x-lab（Tsinghua x-lab）是清华大学旨在发现和培养新型创意创新创业人才的教育平台，于 2013 年 4 月 25 日正式成立。清华 x-lab 倡导学科交叉、探索未知、体验式学习与团队协作的教育理念，致力于围绕“三创”教育，探索新型的人才教育培养模式，帮助学生学习“三创”知识、技能和理念，培养学生的创造性精神、创造性思维、创造性能力和执行能力，以造就新一代的创新型人才，助力国家创新驱动发展战略的实现。

清华大学经管学院，联合环境学院、机械工程系、建筑学院、材料学院、信息科学技术学院、航天航空学院、法学院、美术学院、公共管理学院、工程物理系、电机系、医学院、新闻与传播学院、理学院、化工系、教育研究院 17 个院系合作共建，并与清华控股、启迪控股、清华企业家协会、中关村发展集团、同方股份等企业机构建立了战略合作伙伴关系。它是一个公益性的开放教育平台，支持范围覆盖清华大学全体师生和校友。

在构建“三创”教育生态体系方面，清华 x-lab 进行了多方面的探索，逐步搭建起创意、创新、创业的完整链条教育体系。清华 x-lab 围绕教育、培育和生态三个功能板块搭建平台，从创意、创新和创业三个维度推进“三创”教育，持续开展了一系列相关工作，包括：与清华大学研究生院共同推出“清华大学学生创新力提升证书”课程；为学生提供专业领域的训练、指导和咨询；并针对不同类型的项目团队，开展有针对性的系列活动，如创新工作坊、驻校企业家和驻校天使咨询服务，进一步加强实践方法的学习，以提升学生动手解决问题的能力；平台为学生提供了大量赛课结合的创新实践活动，如清华学生大创意挑战赛、清华大学可持续发展开放创新马拉松挑战赛、清华大学“校长杯”创新挑战赛等。

清华 x-lab 还为广大师生提供免费创新空间和办公场地，包括位于清华科技园的 700 平方米“三创空间”和海淀区智造大街 300 平方米的办公场地。2023 年 9 月，清华 x-lab 已经启用清华大学建华楼近 4000 平方米的新空间。

截至 2024 年底，已有 10 万余人次的清华大学学生和校友参加了平台组织的各类课程及活动，累计接收并培育了 2600 多个处于创意创新创业不同阶段的项目团队加入平台，已经获得融资的团队超过 280 多家，团队累计融资额超过 190 亿元人民币。

1.3 从学生创业到师生共创

李纪珍　清华大学经济管理学院
李晓华　西北大学经济管理学院

自 20 世纪末开始，各国政府强化了大学在创新和社会变革中的作用，大学面临从研究型大学向创业型大学的转变。我国的大学从研究型大学向创业型大学的转型受“双创”政策的影响较大。2014 年 9 月，李克强总理在夏季达沃斯论坛上提出，要在 960 万平方公里的土地上掀起“大众创业”“草根创业”的新浪潮。2015 年 5 月 7 日，他再次强调，推动“大众创业、万众创新”是充分激发亿万群众智慧和创造力的重大改革举措。

在该政策的影响下，创新创业成为新时代的浪潮，大学成为主战场。以大学生为主的创业在 2018 年掀起高潮，中国创新创业大赛、“互联网 +”大学生创新创业大赛等赛事在各大高校展开。同时，资本市场也开始关注大学生类创业项目。

清华 x-lab 于 2014 年成立了创业 DNA 基金，为创业项目的发展提供资金支持。截至 2021 年底，清华 x-lab 创业 DNA 基金已经投资 41 个项目，其中 21 个创业项目获得了后续融资，累计融资额超过 6 亿元，投资范围覆盖了新一代信息技术与人工智能、新材料、生物医疗、高端装备制造等多个板块。清华 x-lab 创业 DNA 基金在创立之初，大力支持学生创业，以“快进快出”为投资理念，在帮助学生项目实现概念验证之后便迅速退出。

1.3.1 学生创业模式

在国家“大众创业，万众创新”发展战略的鼓励下，很多学生开启了创业之旅，以互联网模式创新为主的学生创业形式在国内层出不穷。

清华 x-lab 平台上典型的学生创业包括 AOD 智能 3D 打印机项目和光合未来项目。AOD 智能 3D 打印机项目是由清华大学建筑系一位硕士生发起的，企业定位是通过开源技术研发桌面 3D 打印机。随着 3D 打印行业风口的消失，企业没有硬科技的缺陷逐渐显现，桌面级 3D 打印机市场成为一片红海。AOD 智能逐渐将业务转型到了 K12 的教育市场，致力于成为 K12 一站式科技课程平台，通过开放的课程体系和配套的开放式教具体系，为中小学和教培机构赋能，使这些学校和教培机构能够经过 1 年左右的时间，快速开展科技教学。

光合未来项目团队的创始人是清华大学美术学院一位硕士生，主要从事与新型绿化相关的产品开发与销售工作。该项目整合科技与艺术，为客户提供高成活率的绿化墙及其他绿化产品。该项目在商业模式和产品设计上，均有一定的创新，但是在经营模式的可复制性上存在短板，导致迟迟不能实现业务的大规模复制。创业 DNA 基金联合清华 x-lab 平台，除对有发展潜力的项目提供资金支持之外，还为创业团队提供创业教育服务，以帮助学生实现从学生向创业者的快速转变。在该阶段，创业团队中的成员大部分是硕士研究生，以及部分博士生和本科生。学生创业模式下的团队成员构成，如图 1.2 所示。

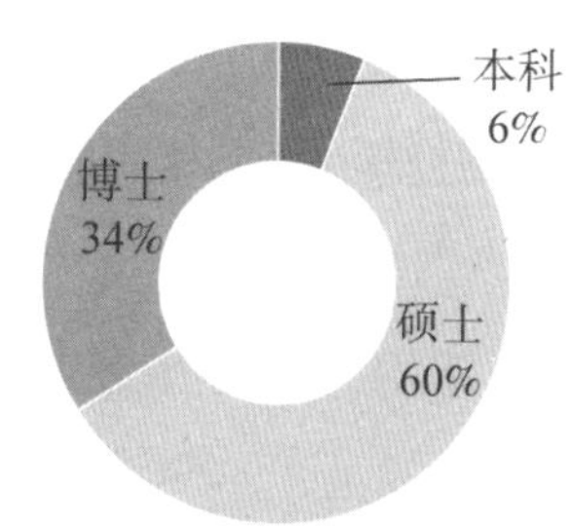

图 1.2　学生创业模式下的团队成员构成

以学生为主的创业模式虽然有足够的灵活度，但后劲不足。学生创业模式的典型特征是快速组建团队，整合相对较少的资源并开启创业之旅。这些企业在经历行业的风口时能获得迅速成长，但由于缺乏行业经验和特定领域的知识，在打开早期市场之后，面对大企业和新创企业的激烈竞争，往往无法在更广的领域拓展，只有少数企业能生存下来。

2015 年，《中华人民共和国促进科技成果转化法》修订实施后，以促进科技成果转化，跨越科研界与产业界之间技术商业化死亡之谷的概念验证基金，获得了政府的政策支持。清华大学于 2016 年 10 月出台《清华大学科技成果评估处置和利益分配管理办法》，以大学科技成果转化办公室（Technology Transfer Office，TTO）为中介的科技成果转化模式，成为该阶段发展的主旋律。在政策发布后的很长一段时间内，连接科研界与产业界的主体仍然是学生群体。所不同的是，这类学生群体大部分是在校博士生或博士后，与学生创业模式阶段的大学生主体形成鲜明对比。他们往往在某一个技术领域内有长时间的积累，对技术的发展趋势有深刻认识，并承担起导师所在实验室的“代理人”角色，致力于让技术走出实验室，走进千家万户。

然而，受科技成果转化评估流程的影响，通过大学科技成果转化办公室进行技术商业化效率相对低下。很多拥有先进技术的团队更倾向于绕过 TTO 新设企业，实现隐性知识和技术的转移。为提高科技成果转化效率，清华 x-lab 以及创业 DNA 基金开始共同探索师生共创模式。

1.3.2 师生共创模式

顾名思义，师生共创模式是指由老师和学生共同作为创始人建立企业的模式。相较于学生创业模式，师生共创模式将拥有先进技术的科学家与创业企业深度绑定，消除了传统 TTO 模式下技术拥有者与技术使用者分家的现象，提高了企业对技术的吸收能力。除此之外，师生共创模式的一大亮点是，老师与学生之间在长期的科研工作中建立了彼此信任关系，而信任机制的完备是联合创业的重要前提。

清华 x-lab 师生共创模式的应用典型代表是深鉴科技。深鉴科技成立于 2016 年，由清华大学电子工程系的汪玉老师和他的学生姚颂联合创立，又于 2018 年 7 月被美国赛灵思并购，成为中国人工智能行业风投快进快出的第一个案例。更为重要的是，这是清华大学明确科技成果处置规则以来第一家通过科技成果作价入股，并实现现金回报的公司。深鉴科技的成功证明了作价入股的科技成果转化模式和师生共创模式的可行性，也对其他的科技成果转化项目起到了示范和激励作用。

在深鉴科技的运作模式中，学生姚颂作为公司 CEO 冲在与产业界接触最紧密的一线，并将产业界的需求反馈给大学实验室。而汪玉老师则利用多年来在芯片研发领域的专业知识与经验，为企业的发展提供技术支撑，指导企业完成技术走出实验室后的工程优化。这种模式打破了传统的产学研合作模式中校企之间知识断层的困扰，让双方在同一个语言体系下实现对话。在以往的科技成果转化项目中，企业通常会觉得科学家的思想“高深”，很难理解。例如，山西阳煤集团的总工程师在谈到与清华能源院的合作时说：“刚开始，我们不懂老师说的是什么……在引进一位科研界的老师之后，这个问题才得到解决。”

这一事例说明，尽管科研界拥有能够解决产业问题的技术与知识储备，但由于双方存在信息沟通障碍，在沟通效率和效果上往往不尽如人意。在师生共创模式中，学生与老师同处于一个语言体系，加速了知识传输。因此，从某种意义上讲，师生共创模式将产学研集合到一个“组织”内，使得产学研所链接的主体之间的界限越来越模糊。郑方教授将科技成果转化过程中发生的这种微妙变化，称为产学研合作模式从“混合态”到“化学态”的转变。

值得一提的是，师生共创模式还明确了科学家和企业家的职责，这种权责明晰的分工也是提升科技成果转化效率的重要因素之一。科学家是否适合创业的问题在学术界和产业界已有很长时间的讨论。现有研究表明，科学家与企业家遵循不同的思维逻辑，两种思维逻辑之间甚至存在冲突。创业的科学家首先要转变思维逻辑才能真正地融入产业界，转型为成功的企业家。

然而，思维模式是长期职业训练的结果，短时间是很难转变的。在师生共创模式下，学生作为科学家的“代理人”，承担着企业家的职责，避免了科学家在创业过程中遇到的思维逻辑冲突。比如，一位清华大学的教授谈道：“我在这个领域有 32 年的积累，发表了大量的论文，但我还是希望技术能发挥更大的社会影响力。”而他的博士生作为代理人正在寻找技术商业化的路径。因此，师生共创模式也是一种解决科学家创业困难的有效方式。

师生共创模式深耕大学实验室技术的特征，决定了该模式下的创业项目以硬科技项目为主，而团队成员构成则以“研究生 + 导师”和“博士生 + 导师”为主。总体来看，在创业 DNA 基金已投项目中，博士和教授组成的团队比例高达 62%。通过支持师生共创模式企业，创业 DNA 基金可以实现资金回收，并可以更好地将一部分投资收益捐赠给清华 x-lab “三创” 教育平台。

结合清华 x-lab 的实践，本书将分别选取高端装备、先进制造、新一代信息技术、生物科技等四个领域中的典型师生共创团队，对企业进行科技成果转化的典型做法、技术商业化的历程，以及团队组建过程和投融资情况展开叙述。为了更好地了解企业的创办过程，我们分别通过线上和线下相结合的方式，对企业的核心创始人（包括导师与学生）和投资人进行半结构化的深入访谈，每次访谈持续 3 个小时左右。为了支持本书的写作，清华 x-lab 创业 DNA 基金举办了“师生共创云沙龙——科技成果转化之师生论道”活动，共举办了 14 期，历时一年有余。

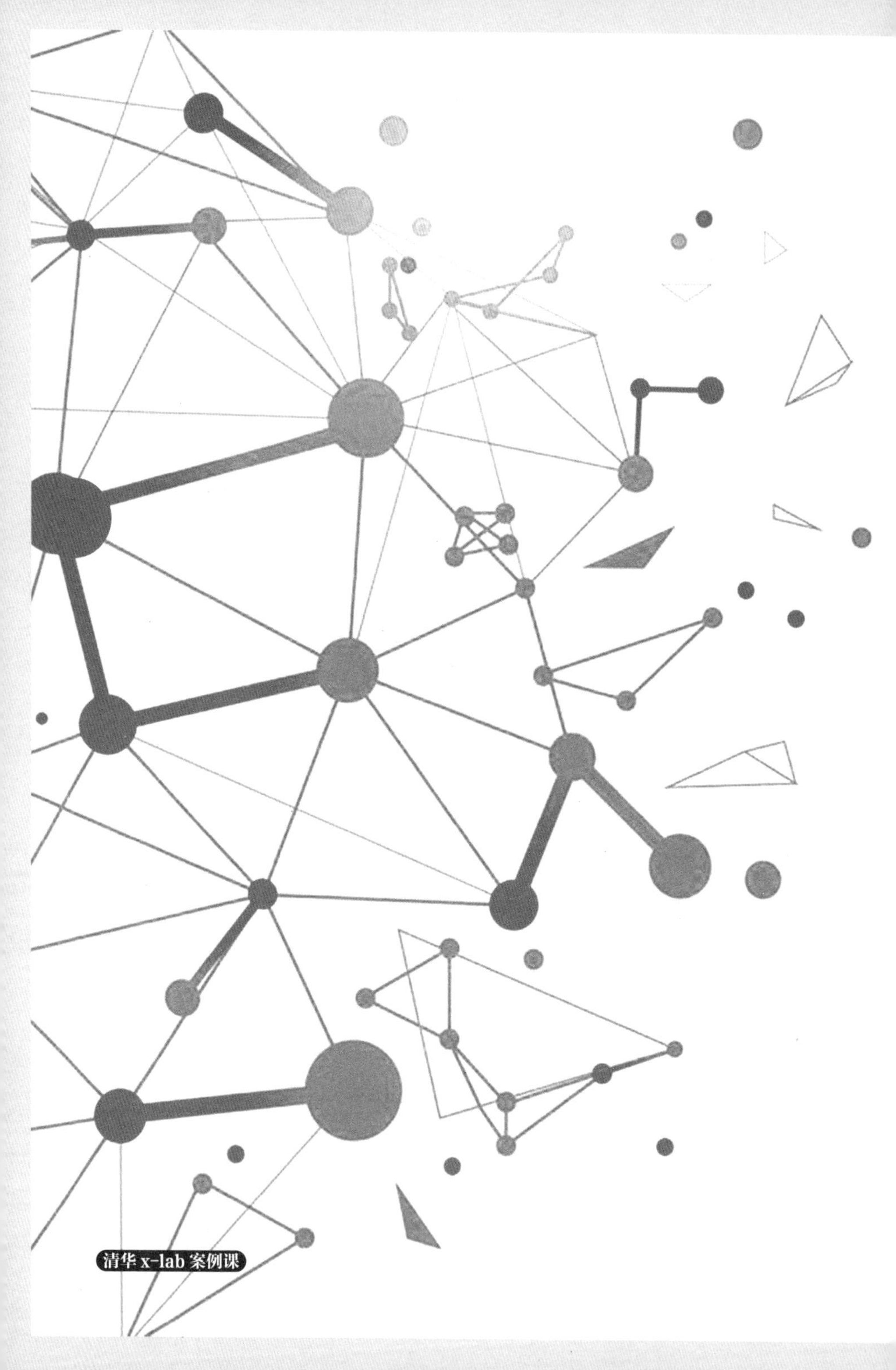
清华 x-lab 案例课

第 2 章

高端装备制造领域的师生共创

- 高端装备制造业简介
- 清航装备：敢于创新的不死鸟
- 极智嘉：AMR 市场占有率从 0 到全球第一
- 清泰科：师生共创硬科技企业，专注核心技术创新
- 博鹰通航：转业军人的创业故事

2.1 高端装备制造业简介

2010年10月10日，国务院正式发布《关于加快培育和发展战略性新兴产业的决定》(国发〔2010〕32号)，把高端装备制造业列为重点发展的七大战略性新兴产业之一。决定指出，重点发展以干支线飞机和通用飞机为主的航空装备，做大做强航空产业。积极推进空间基础设施建设，促进卫星及其应用产业发展。依托客运专线和城市轨道交通等重点工程建设，大力发展轨道交通装备。面向海洋资源开发，大力发展海洋工程装备。强化基础配套能力，积极发展以数字化、柔性化及系统集成技术为核心的智能制造装备。

在我国，高端装备制造业是为国民经济发展和国防建设提供高端技术装备的战略性产业。高端装备制造是装备制造业的高端部分，是产业链的核心环节，主要特点是技术高端、价值链高端、在产业链中的地位高端。具体表现为知识、技术密集，体现多学科和多领域高、精、尖技术的交叉与集成，具有高附加值的特征，其发展水平决定了产业链的整体竞争力。装备制造业被誉为“工业母机”，是制造业的基石。有了强大的装备制造业，一个国家才算是真正的制造业强国。同时高端装备制造业是制造业升级的重要引擎。

高端装备制造业横跨传统产业和新兴产业两大领域，直接关系到一些基础产业的升级和技术进步，将高端装备制造列为战略性新兴产业，对装备制造业的发展意义重大。从战略性新兴产业所涵盖的重点领域看，节能环保、新一代信息技术、生物技术、新能源、新材料、新能源汽车等产业的发展，同样离不开装备的支撑。比如，在新能源领域，核能、风能、太阳能、生物质能，以及智能电网等，这些行业的发展都需要装备支撑，新能源装备的发展是这些行业做大做强的基础。在节能环保产业中，节能设备、环保设备的发展是实现节能环保的基础条件。可以看出，在战略性新兴产业所包含的七大产业中，其中六个产业的发展都离不开高端装备制造业的发展。制造业是工业之本，其装备先行，因此高端装备制造业是其他六大战略性新兴产业的基石，处于最基础、最核心的地位。高端装备制造业的核心地位，如图 2.1 所示。

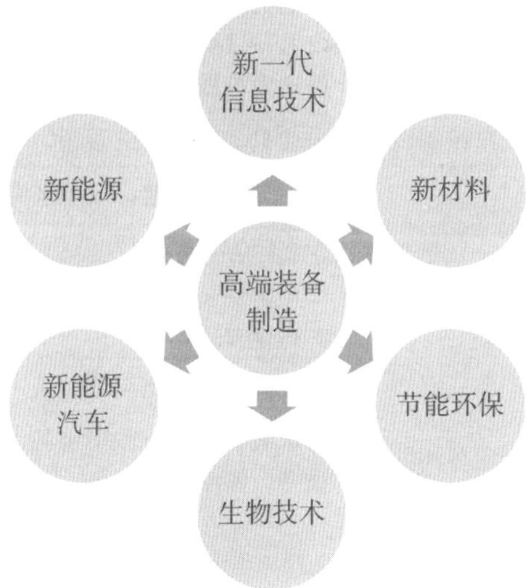

图 2.1　高端装备制造业的核心地位

由此可见，高端装备制造业必然成为带动整个装备制造产业升级的重要引擎，成为战略性新兴产业发展的重要支撑。把高端装备制造业作为战略性新兴产业重点培育和发展的目标，是走上创新驱动、内在增长轨道的必然选择，是今后相当长一段时间内的重点举措。我国“十二五”规划在发展方向上着眼五个细分行业：航空、航天、高速铁路、海洋工程、智能装备。

高端装备制造业分类及应用范围，如表 2.1 所示；高端装备制造业结构示意图，如图 2.2 所示。

表 2.1 高端装备制造业分类及应用范围

产业分类	应用范围
机器人、重大成套设备制造	深海石油钻探设备制造、石油钻采专用设备制造、矿山机械制造等
智能装备制造与关键基础零部件制造	智能机床、工业自动控制系统；实验分析仪器、试验机；液压动力、液力动力、气压动力机械；齿轮变速箱、滚动轴承等
飞机制造与飞机系统制造	电动机、航空通信系统、航空器修理等
各种类型卫星制造	包括导航、测绘、气象及海洋专用仪器等卫星应用服务系统
航天器和运载火箭制造	包括引擎、燃料储存罐、机身、翼面、电子设备等
轨道交通装备产业	高速列车和轨道车辆制造
海洋工程装备和服务产业	潜水装备、水下救捞装备、地质勘查专用设备、船舶配套设备、钻井平台制造等

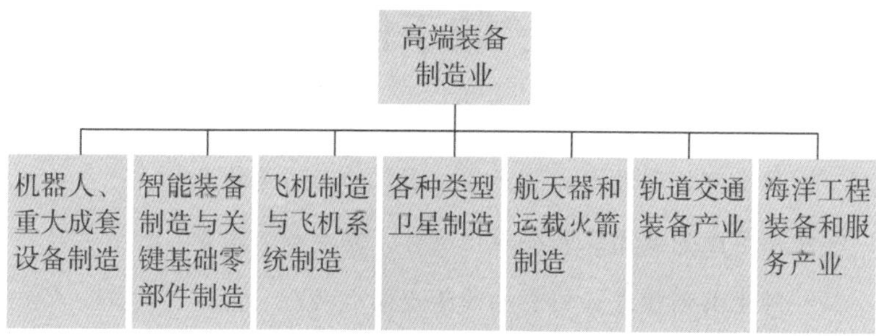

图 2.2　高端装备制造业结构示意图

清华大学在高端装备制造业上有很深的学科积淀，在机械工程系、电机工程系、航天航空学院等相关院系，有一大批技术成果的持有者和项目的转化者。清华大学在高端装备制造业的主要学科分布，如图 2.3 所示。

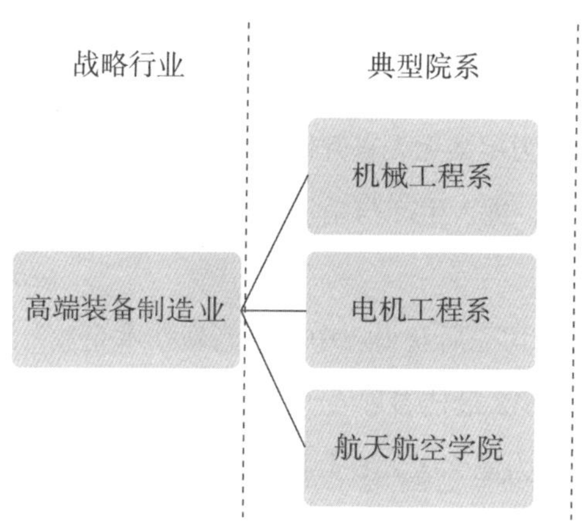

图 2.3　清华大学在高端装备制造业的主要学科分布

2.2 清航装备：敢于创新的不死鸟

- 从不可能到做出成熟产品，团队的动力是什么？
- 从学生创业团队到公司化运作，需要如何转变？
- 师生共创模式如何影响团队走向成功？

2.2.1 创业项目介绍

清航装备公司是一家致力于先进无人飞行器研发的科技企业，在北京、福建、河北、内蒙古等地均设有研发中心及试飞基地。该公司旗下有交叉双旋翼武装无人直升机、系留无人直升机、仿生人工智能飞行器等多款产品。清航装备公司提出并研制了世界首架交叉双旋翼复合推力尾桨无人直升机，目前已完成60公斤、80公斤、300公斤级研制，进入生产与销售阶段，该项目被纳入全军武器系统采购网。

清航装备公司先后获得“中关村高新技术企业”“国家高新技术企业”“福建618最佳参展企业”等一系列荣誉。其主打产品交叉双旋翼复合推力尾桨无人直升机，填补了国内大型载重高速无人直升机的空白。2019年10月，清航装备公司更是代表清华大学参加了中国国际互联网+创新创业大赛，从457万组参赛者、109万个项目中脱颖而出、一鸣惊人，为清华大学赢得了荣誉。

2.2.2 项目发展时间轴

2015 年 10 月，清航装备公司由清华大学博士团队创建。

2019 年，清航装备公司完成飞行器定型，并进入中试。

2020 年 9 月，清航装备公司与中国航发集团签订战略合作协议，共同研制 7 吨级高原重型交叉双旋翼无人直升机。

2020 年，清航装备公司中标我国消防领域工业无人直升机应用第一标——重庆消防总队 2800 万元标，并于 2021 年 8 月完成交付列装。

2020—2021 年，清航装备公司获应急消防采购订单 9500 万元。

2.2.3 创业之路

缘起：一群热血青年的梦想

回忆自己踏上创业之路的初心，清航装备公司的创始人李京阳感慨道："从小就有一个理想，或者说是想法，就想造飞机、造火箭。本科期间我学的是航空发动机专业，博士阶段学习飞行机设计和轨道控制。9 年的专业知识学习结束之后，就想着能不能自己制造一架与众不同的飞机。"

李京阳和自己的导师——清华大学航天航空学院教授、博士生导师宝音贺西沟通了自己的想法，并获得认可与支持。在老师的鼎力相助下，他组建了一个 5 人的团队。团队秉持"不拘泥于传统，不局限于眼前”的理念，踏上了这条任重道远的研究之路。

创业之路并非一帆风顺。团队到底该做什么项目这一问题困扰着李京阳。李京阳说：“幸运的是，有很多单位参与了我们整个项目的选型，其中包括航空航天院所、国防大学和军方等机构。”经过多方共同努力，公司最后得出结论：要造交叉双旋翼复合推力尾桨无人直升机。

我们今天看到的这个师生共创项目，承载的不仅仅是这几位热血青年的宏图大业，更寄托着清华大学创业指导老师、实验室团队老师以及所有支持这个团队的人的期待与希冀。

诚如李京阳所总结的：“我们一直在做不可能的事。团队在清华大学‘三位一体’人才培养理念的指导下，在清华 x-lab‘三创’教育的引导下，慢慢成长。除了第一架飞机研发不够成熟之外，团队的整个测试体系都是按照正规流程（即按照军机的测试模式）进行的，这使团队取得了巨大的成就感。”

坎坷：差一点就没命了

尽管山高路远、荆棘塞途，但李京阳从未想过放弃。他认为自己从小就不是一个标准意义上的好学生，却是个愿意为所爱付出一切的孩子。初中时，成绩还一塌糊涂，高中时如梦方醒，这个调皮却聪明、爱动脑筋的男生开始追赶，最终以高分考入南京航空航天大学，后保送进入清华大学。从“智周万物，道济天下”的南航，到“自强不息，厚德载物”的清华，9 年光阴的打磨，让李京阳兼具南航学生“做一颗螺丝钉”的质朴浑厚和清华人“改变世界”的豪气干云。“航空报国、实干兴邦，要成为一颗改变世界的螺丝钉”，是他一生的志向与抱负。

清华大学博士毕业之际，李京阳获得了航天航空学院当年唯一的优秀论文一等奖。这项“全国优秀博士论文”荣誉，国家一年只设置 5 个名额。对于获此殊荣的他，找一个好工作可以说犹如探囊取物。因此，当他选择创业时，他的父母、亲戚朋友等所有关心他的人都强烈反对。而这些铺天盖地的质疑与反对声，仅仅是他创业之路困难的开始。

不仅李京阳没有知难而退、畏葸不前，团队的每个人都说服了家人，全然不顾各方面的压力。宝音老师回忆起创业初期的情况时，感慨地说：“团队 5 个核心成员，4 人已经结婚，其中 2 人都有了孩子，但他们这几年没有回过几次家，一年在家住的时间不会超过 30 天。就这样，团队发展慢慢有了起色。但执行过程中也遇到了许多困难，特别是遇到技术难题时，必须花大量的时间去解决。我觉得创业跟打仗一样，最重要的是士气，士气主要来自心理。大家都铆足劲儿坚信这件事能干成，需要坚定不移往前走，一旦产生怀疑就会功亏一篑。”

团队确定方向后，项目很快进入到测试阶段。由于样机测试的时候声音特别大，为了不影响他人，只能下班进行，经常持续到凌晨两点，每天如此从不间断。持续 8 个月后，第一架 300 公斤的飞机造成了。宝音老师评价说：“当时我觉得他们做成了不太可能的事情。”虽然第一版样机存在很多问题，但它的意义是重大的。团队做了一轮以后积累了很多经验，因此第二版就精致了许多。

李京阳说："我们一直在挫折中前进，经历多了就习惯了，也没什么过不去的。我申请'青腾'的时候，面试官问我有什么优点，我说我的心态比较好。"

当提起创业中最难忘的事，李京阳回忆说，那就是第一次实验时，发动机启动后，旋翼的转速越来越高，主轴不停晃动，系统失控，最终旋翼打在了地上，腾起后的桨叶将护栏砸了个大洞。当时，总指挥李京阳正在护栏外观察，差一点就没命了。"我们只能在夜色下灰溜溜地拖走残骸。在实验室里分析失败原因的时候，每个人心里都不是滋味，半是痛心半是狼狈。"提起这次失败的经历，李京阳仍然感觉历历在目。

坚定：追寻梦想的不死鸟

这次失败并没有浇灭这群年轻人的热情，他们没有放弃，而是认真分析失误之处，寻找失败的原因。他们将整个结构设计做了优化，重新赋予飞机生命。

在团队归零总结时，李京阳这样坚定地说道："我们每个人都是一只不死鸟，朝着共同的梦想飞翔。毕竟没有任何理由，让我们可以折中自己的未来，不能懈怠。在奋斗的日子里，难免要暂时割舍一些东西，比如亲情，比如爱情。就像爱因斯坦所言，我从来不把安逸和享乐看作是生活目的本身。"

2017 年是这支队伍的一个分水岭。团队当时参加第四届清华大学"校长杯"创新挑战赛，清航装备公司不仅有硬核的实力，而且格外追求精益求精，例如在比赛前一晚还在完善演讲的 PPT。"那天晚上一直在练，上厕所也在练，早上起来洗脸、刷牙都在想这个事。最终，苦心人天不负，团队凭借着出色的实力和精心的准备拿到了大满贯，得到了技术创新奖、金奖以及最佳人气奖。”李京阳回忆说：“拿完奖之后，整个公司发展就开始不一样了，从学生创业团队转变成了公司化的运作。”

参加完“校长杯”之后，这个团队开始思考引入投资、组建差异化团队等一系列更为深入的问题。李京阳说：“刚开始我们拉投资的时候，连想法都没有，拿到天使轮投资才逐渐开始有关于如何创业的想法和点子，但这个过程是比较顺利的。”

武岳峰资本的李峰校友在资金上给予了团队很大的支持，为团队带来了希望。但是依靠武岳峰资本解决资金问题后，公司还面临着产品销售的问题。由于团队几位创始人都是同一专业的师兄弟，思维方式基本差不多。“产品最终要面向市场，但团队成员中没有学金融或经济管理专业的，而且全方位人才也不容易找，既需要能够把技术讲清楚，又要懂金融、融资。于是我只能自己上手，慢慢地将自己往金融方向培养。”李京阳自学了金融方面的知识，用他的话来说：“团队就是在不断地遇到问题和解决问题中发展自我。”

航行：扶摇直上九万里

进入 2018 年，清航装备公司驶入了发展快车道。公司旗下有交叉双旋翼无人直升机、系留无人直升机、仿生人工智能飞行器等多款产品。除此之外，公司还获评“中关村高新技术企业”“国家高新技术企业”“福建 618 最佳参展企业”、某军装备预研项目第一名等荣誉，并承担某军装备研制项目 2 项。

在融资方面，2020 年 1 月，清航装备公司获得武岳峰资本数千万元 Pre—A 投资；9 月，获福建三明市政府基金 9500 万元 A 轮投资。在外部拓展方面，清航装备公司还在启迪之星（河北晋州）设立分支基地。2020 年 9 月 22 日，时任河北省省长许勤实地考察清航装备公司晋州基地，充分肯定了项目的成长性，并且鼓励其要加强与本地企业的合作，打造全产业链无人机研发生产基地。

2020 年之后，清航装备公司产品构型稳定，其交叉双旋翼更适合高原飞行、声力更大、速度更快。展望未来，公司具有极大的发展潜力。

思源：饮水不忘挖井人

正如清华大学经管学院副院长李纪珍教授所说：“清华大学这些年的科技成果转化工作开展得特别好。其师生共创模式值得推广。简单地说就是老师带领学生去做科研，同时学生推动老师去做成果转化，去创业。在这种情况下，老师不用担心自己的科研成果被束之高阁，也不必花大量时间去做自己不太擅长的成果转化，耽误了科研和教学时间，使得自己接下来的研究工作受到影响。学生年轻、敢闯，在对接市场资源、推动老师科研成果转化上有很大优势。纵观过去这些年，清华大学在学生创业、师生共创领域取得了非常好的成绩。”

宝音老师认为，自己最大的作用是让他们坚定了信心。团队成员在创业之初，面临着亲人与朋友的不信任、担忧与怀疑，但老师的一席话让他们真正坚定了自己的梦想："清华大学的毕业生肯定饿不死，既然饿不死，你就放开手脚，追逐你的梦想！"

宝音老师把老师在师生共创中的作用描述为："老师负责把握大方向，帮学生把关！我个人没有想过去创业，因为创业不是一件好玩的事情，而是一个充满艰难苦涩的过程。""李京阳博士快毕业的时候，他和我说要造飞机，我思考了很久。我说你既然创业，就要做不可能的事情！""我相当于部队的'政委'，我的工作就是让他们坚定信心。只有这样，团队成员才有干劲！"可以说，宝音老师作为团队的引导者和坚定支持者，一直鼓舞着这些学生披荆斩棘。

李京阳回忆说："宝音老师在鼓劲团队的同时，也脚踩急刹车。当前面是万丈深渊时，他会及时喊我们停下。当初团队成员经常一股脑地投入技术研究，忽视了过程中的安全性，宝音老师一直在提醒我们注意安全。"

也有人曾经这样问宝音老师："李京阳学术做得特别好，您是不是曾经希望他继承您的衣钵做学术？您经过了什么样的纠结，最后放手让他一搏？"宝音老师回答说："他有着自己坚定的梦想和方向，作为老师应该支持。中国学生相对而言比较保守，很少有学生敢于冒险，因为创业是要冒很大风险的。如果家人都反对，老师也反对，学生永远不可能走这条路。但是他敢于走这条路，做这样一种尝试，这对国家、对清华大学，都有意义！"

宝音老师怀揣这样一个小小的心愿，不仅做学生的引路人，而且还要成为背后默默凝视他们成长的导师。

孵化：助力从蹒跚起步到快速奔跑

依托清华 x-lab 平台的支持以及投资平台的资金帮助，师生共创优势更加凸显，也为壮志满怀的李京阳团队带来了更多的成长机会。

清华 x-lab 前主任毛东辉老师在谈及平台创立初衷时说道："我们在做教育，把学生看成教育的主体，希望他们有人生成就，能实现自己人生的价值、追求和梦想，同时也为社会、为国家做出一些有意义、有价值的事情。在这个过程当中，清航装备公司能够在早期就有很高的志向、努力的意愿、做不同的事、做最好的事。在整个过程中，我们最需要给予他们的是鼓励、关心、支持和帮助，而不是消解他们的斗志，影响他们的志气！我从来都相信清华学生的人生价值一定是在奋斗中实现的，而不是在一些被安排好的工作机会、工作环境以及按部就班的平庸生活中体现的。"

2.2.4 投资人点评：成长，是迈出学校走向市场

何泳芳　武岳峰资本投资人

我认为，团队的坚定信心和过硬实力都是投资必不可少的考察因素。我们是在 2017 年 5 月接触到这个项目的，中间进行了一番调研。对于李京阳做的事情，当时做市场调研的时候，很多人并不看好。我们调研了很多家生产无人机的企业，整个市场环境相对悲观。诚然，初创企业当时确实存在着许多问题，但是这个团队的坚

定与执着最终打动了我。

团队最大的优势是成员都很年轻、很有想法且朝气蓬勃。当时他们的办公条件非常简陋，但他们乐观向上，能够为工作环境的一点小改变而感到欣喜。我们对他们进行了压力测试，发现几个小伙子在困难状态下的抗压能力很强，在困难面前能够挺起腰板，大刀阔斧往前冲。综合这些原因，我们对这个项目更有信心了。

可以说，吃苦耐劳的团队精神是支持他们实现梦想的动力支撑，也是获得投资的重要因素。

但仅仅有吃苦耐劳的精神是远远不够的，还需要满足许多硬性指标。第一，团队成员必须得全职投入。第二，团队配置要完整全面，内部成员能力必须互补，有做市场的、有做销售的、有做技术的。其团队核心成员 5 人，成立至今一直很坚定地走在一起，这种凝聚力难能可贵。第三，作为创业者来说，他必须对创业有敬畏心、充满激情。随时准备奉献自己的时间，保持精神、体力上的全力以赴。从这个意义上讲，我认为投资要看团队，团队的好坏是决定创业是否成功的必要条件。

师生共创模式把很大一批躺在实验室里的科研成果通过转化，或通过比赛的形式推向市场，在高校和市场之间建立了良好的通道。为更好地培育师生共创模式，在投资的过程中，投资人首先要尊重科学及其发展规律，对团队有足够的耐心，要加强对行业的理解及对团队的信任，秉承科学的态度去看待项目。

2.3 极智嘉：AMR市场占有率从0到全球第一

- 科技创企，靠什么赢得市场？
- 创企萌新，靠什么获得客户支持？
- 面对投资，如何才能让企业做自己？

2.3.1 项目简介及进展

北京极智嘉科技股份有限公司（以下简称极智嘉）是一家占据市场领先地位，并引领全球智慧物流变革的智能机器人公司。根据*Interact Analysis*的统计，目前公司在自主移动机器人（AMR）市场占有率位居全球第一。

极智嘉成立于2015年，4位创始人均来自清华大学。公司总部设在北京，同时，在南京和盐城开办了自有工厂。在公司1000多名员工中，研发人员数量过半。公司拥有超过500项专利，致力于为客户提供专业化的支持服务。

极智嘉的专业技术实力得到了微软、英特尔等行业巨头的认可，并与他们结成了生态式合作伙伴关系，强强联手，共同为企业的智能化升级赋能，以引领智慧物流开创式变革。

在技术方面，公司研发的智能机器人可以实现从货架到人的拣选、货箱到人的拣选、协作拣选、智能搬运、智能分拣和无人叉车等功能，不仅能解决企业招工难、人工成本高、效率低下以及管理困难等问题，还能帮助企业提升物流效率，实现产业智能化升级。

极智嘉的产品凭借高投资回报率、高可靠性和敏捷性，赢得了超过 300 家合作伙伴的信任。其服务项目覆盖电商、时尚快消品、线下零售、医药、物流、电子、制造和汽车等行业。可以说，有物流业务的地方，就有极智嘉产品的用武之地。

极智嘉的客户遍及全球超 30 个国家和地区。为了满足庞大的业务量需求，极智嘉建立了全球性的备件中心，国内有 4 个备件仓，海外有 8 个备件仓。除此之外，公司还提供全天候的中英文线上技术支持，保证了客户提出问题时，能在不到 10 分钟的时间里得到响应，并及时得到解决问题的方案。

依靠稳定可靠的产品，丰富的全球项目经验，以及高效优质的售后服务，极智嘉已成为华为、宝马、顺丰、DHL、西门子、耐克、迪卡侬、沃尔玛、戴尔、苏宁、博世、永辉等众多国内外知名企业的智慧物流合作伙伴。

从 2015 年开始的 6 年间，极智嘉获奖无数，创造出了很多个行业第一。2020 年，作为唯一登榜的中国自主移动机器人企业，极智嘉荣登全球机器人行业的权威大奖 RBR50 榜单。

2021 年，极智嘉更是凭借过硬的创新实力囊括全球物流及供应链设备和产品创新的风向标奖——美国 MHI 两项权威大奖。

2021 年 3 月，经过之前多轮累计 4.5 亿美元的融资，极智嘉的注册资本已经增至 10.48 亿元人民币。现在，公司已经完成股份制改革，公司名称也由北京极智嘉科技有限公司变更为北京极智嘉科技股份有限公司。日前，极智嘉和中金公司签署了上市辅导协议，准备在科创板挂牌上市。

2.3.2 创业故事

极智嘉的创新之道

清华大学作为国内顶尖的高等学府之一，一直在为移动机器人行业输送大量人才。极智嘉的 4 位创始人均来自清华大学，他们凭借清华大学的顶尖技术，以师生共创的模式成立了极智嘉。短短几年时间，公司获得长足的发展，截至 2021 年底，公司在全球 AMR 市场的占有率达 10%，占据市场领先地位。

即便如此，极智嘉的创始人兼 CEO 郑勇依旧对市场怀有敬畏之心。他对已经取得的成绩保持着谦逊的态度。他认为，这个行业的技术前景广阔，不过进入该领域的门槛不太高。以机器人室内无人驾驶技术为例，除了涉及导航、定位、避障（通信）、充电等方面的基础问题，还需要构建多个机器人协同工作的操作软件系统。除此之外，也需要让机器人根据不同行业客户的使用场景自己学习，以保证高效运转并不断迭代系统后台算法。这些技术入门很容易，产业链和供应链都已经被各个领头公司建立起来了，所以一些新公司想要复制前人的成功会很容易，这也意味着未来市场会有更多的竞争者。

但是郑勇对此并不担心，因为这些技术虽然入门不难，但要想在每个关键点都达到 90 分以上的水准却非常困难。有了这个认识，面对客户个性化的需求，极智嘉团队会帮助客户量身定制解决方案。这样做的结果必定会增加公司的人力、物力和时间成本。所以，将客户需求用技术变为产品的通用功能才是最优解法。

随着客户的增多，做通用功能的思路又会导致产品的功能越来越繁杂，反而会影响客户体验。这个时候，就需要公司对产品进行重构和优化，以满足客户更新的需求。所以说，移动机器人技术不是单独某个点的技术，而是一个体系。只有努力让产品保持迭代，不断地创新，才能让不同需求的客户满意，而这正是极智嘉的创新之道。

校友同心，一拍即合

岁月回首，时间倒流回多年前。

2015 年的一天，清华大学的李洪波教授像往常一样打开邮箱，在一堆邮件中检索自己需要的信息。当天的邮件一如既往地多，除了大量的校内工作邮件，还有一些是全国各地发来的合作信息。李洪波教授对这类邮件一直保持着相对谨慎的态度。和以往不同的是，当天，他被一封陌生的邮件吸引了。

这封邮件很特别，邮件的开篇就令他眼前一亮：“我是清华大学 97 级工业工程系的，算是你的学长。”李洪波教授本人 2005 年至 2009 年在清华大学计算机系攻读博士，97 级学生的确是他的学长，这没错。

李教授向来对清华校友有着天然的信任和好感，所以他愿意了解这位学长邮件里的内容。发送这封邮件的不是别人，正是后来极智嘉的 CEO 郑勇。此时，他的身份还是风险投资公司的投后管理专家，专门帮助被投企业做供应链方面的提升。做投资的时候，郑勇接触到许多创业者和企业老板，这些人的创业经历重新燃起了他的创业热情。同时也因为工作的关系，郑勇看到了人工智能和机器人领域未来的发展前景十分广阔，所以就冒出了找人合作创业的想法。

根据之前的经验，挑选合适的合伙人是迈出创业第一步的关键条件，郑勇很想找到一个既能互补、又能相互支持的人作为合作伙伴。但找合伙人的过程并非一帆风顺，郑勇最先对北航的一个自动化团队抛出了橄榄枝，因为同是做移动机器人的小伙伴。但是经过一段时间的沟通交流，对方竟然没有人愿意出来一起全职创业，这让满怀期待的郑勇郁闷了一段时间。

就这样一直持续到 2015 年的 9 月。一天，郑勇突然想到对物流机器人来说，最重要的也许不是机器人技术，而是软件技术。随即，他决定从母校的计算机系搜寻，想看看有没有适合这个方向的老师能做合伙人。很快，郑勇就发现了李洪波教授，无论是从学科背景还是研究方向上看，李洪波教授都非常符合他的条件，于是就有了李教授看到的那封邮件。

谈及建立公司的初衷，在清华大学 110 周年校庆采访时，李洪波教授又提到了当年那封邮件，他是这么说的："看完这封信还是蛮激动的，一方面是对校友和学长的身份有信任感；另外一方面，这个提议符合自己做人工智能机器人的研究方向。所以这封信在我看来就是一个缘分。而且这个缘分既有信任的基础，也符合创业的风口。”

李教授觉得郑勇的想法非比寻常，让他有英雄所见略同的感觉。他们一致认为，人工智能和机器人，在本质上都是通过应用来为各个行业提供产能升级帮助的，目前移动机器人产业刚刚兴起，尚在风口。要知道，产业化的风口基本上就只有一次，从互联网到移动互联网，再到人工智能和机器人，风口的停留时间明显是越来越短了。

时间不等人，机会也不等人，创业势在必行。不过，最开始的时候李洪波教授也是很纠结的，因为当时要参与创业就必须辞职。对于一个清华大学的教授来说，辞职创业不是一个拍脑袋就能做出的决定。

选择还是放弃？李洪波教授想起了自己之前看过的一句话：“人生最难的有两件事，一是年轻时不犹豫，二是年老时不后悔。”年老时后悔不后悔很难说，但是年轻时犹豫不犹豫却是当下就可以改变的。莫问前程几许，只顾风雨兼程。最终，他放弃了清华大学老师的身份，毅然决然地跟着郑勇出来创业了。

坚定信念的两人在清华大学附近的一个咖啡厅见了第一面。在这里，李洪波还邀请了另外两位伙伴刘凯和陈曦一起加入团队，共同成为联合创始人。古有桃园三结义，今有清华四联盟。就这样，极智嘉就此悄然而隆重地成立了。

经过讨论，他们 4 人很快明确了分工：郑勇，公司的首席执行官，负责产品运营；李洪波，公司的首席技术官，负责整个算法开发；刘凯，清华大学计算机硕士，凭借踏实、务实的个性和过硬的软硬件技术加入创业团队，担任产品部副总裁，在公司主要负责软件开发；陈曦，北京科技大学原来的机器人比赛队长，曾获得过全国机器人比赛总冠军，在机器人硬件的研发包括机器人本体的研发方面有着相当多的经验，加入团队后，他担任机器人部门的副总裁，在公司主要负责软件开发。

这 4 个人彼此信任，互补互助，携手开启了极智嘉创业的序幕。

先进的企业理念和价值观可以帮助公司赢得订单

“极智嘉 Geek+”（北京极智嘉科技股份有限公司）这个名字是 4 位创始人一起头脑风暴想出来的。对企业来说，最有价值的当然不是名字本身，而是创始人对这个名字的诠释和再创造。

在这个公司名称中，英文的“Geek”（极客）代表公司做的是科技类的业务，代表公司做事“极致”的坚定决心，也表达了企业对“工程师文化”的不懈信仰。在“Geek”后面，他们特意添了一个“+”，这个“+”其实具有三层含义：

第一层含义是，极智嘉希望把人工智能机器人这样的技术叠加到不同行业和客户的场景应用中去，让它真正发挥出商业的价值，帮助客户节约成本，提高效率，实现数字化和智慧化的敏捷供应链。这层含义也体现了他们以客户为中心的核心价值观。

第二层含义是，这个“+”也代表着公司不光要做 Geek，希望能够做到“Geek+”，也就是说要比一般的 Geek 做得更好、更加完美。这也体现了 4 位创始人极致创新的追求。

第三层含义是，公司 LOGO 里的“+”是圆弧形的，还设计了 5 种不同的颜色。这体现了 4 位创始人拥有开放、包容的态度，他们希望公司的企业文化能具备多样性特征。

以上三点是对公司名称、对极智嘉经营理念和价值观的诠释，也是公司长期发展并持续创新的重要基础，公司后来的成功与其难以分割。

从业务链上看，极智嘉在物流机器人行业里与其他对手差异最大之处是海外业务量大，极智嘉的海外市场业务占到公司业务的 60% 以上。这个成绩说明他们在国际市场上拥有极强的实力。但是谁都无法想象，极智嘉曾经根本就没有信心做好海外市场。这到底是怎么回事呢?

时间倒回到 2017 年，当时，极智嘉公司来了一名日本客户。按理说，公司有新客户，肯定得赶紧安排人去接洽。但此时极智嘉的几位负责人却认为，目前自己的产品还没有达到极致完美状态，不足以对接海外市场。

就这样，初出茅庐的他们愣是把这个客户晾在会议室里干等了一个多小时。郑勇觉得，这样让人家一直等着也确实是不好意思，就决定先聊一聊。沟通中，郑勇发现，这个日本客户的思想非常开放，也比较有远见，他们在很多问题上都能达成共识，聊得很投缘。最终，通过这个客户，极智嘉在日本做成了第一个海外项目。

像日本这样的发达国家，对产品的要求非常高，经他们做项目可以说是一个挑战，因为要获得日本客户的认可相当不容易。但极智嘉第一个项目呈现得非常成功。

这次成功跟极智嘉的产品有关，也跟日本市场需求有很大的关系。发达国家面对人口红利消失的困境，会希望通过人工智能代替人工。而极智嘉采用优质的自动化解决方案，帮助这个日本企业解决了仓储物流上遇到的挑战。

后来，这个客户成为极智嘉在日本市场上的重要合作伙伴。他们甚至一起联手，超越了像日立这样强大的本地对手，使极智嘉在日本市场上占据了统治性的地位。

值得称道的是，除了这样优质的客户，极智嘉还有不少由客户演变而来的合作伙伴。比如 2017 年，一位来自香港的客户找极智嘉谈合作，一来二去，他被极智嘉的实力所折服，后来干脆加入了极智嘉团队，成为极智嘉海外业务的负责人。这也从侧面印证了公司的潜力与实力。

郑勇总结道："客户变成合作伙伴，或者变成了自己团队的一员，让我觉得很幸运。同时我更相信，这种志同道合的背后是大家价值观一致的体现。如同'Geek+'里面所蕴含的开放、包容的特质，正是这些特质促成了极智嘉在海外业务的快速发展。"

郑勇认为，公司现在的成就是由很多这样的点累积而成的，公司在发展中的战略布局，都是创业者乃至创业团队理念和价值观的进一步体现。

回顾自己的创业史时，郑勇在清华大学校庆沙龙上动情地说："我们创业的历程还算顺利，这里面包含运气的成分。比方说，遇到李洪波几位创始人，便是幸运的事情。公司在发展过程中经历过几个关键的节点，也并非故意设计出的战略发展规划。这都是极智嘉的理念和价值观吸引到同频的人，推动了企业的发展。这些理念和价值观像企业的优质基因一样，在公司发展过程中，起到意想不到的作用。”

不同阶段要选择不同的投资人

对创业公司来说，外部资金当然很重要，但是也不能盲目为了资金而不顾一切。因此，在极智嘉看来，不同的阶段需要选择不同的投资人。

物流机器人系统技术复杂，每个客户的具体需求也不一样。对于刚成立的创业企业来说，他们没有什么资历，能找到客户，迈出自己的第一步就很不容易。幸运的是，极智嘉成立半年左右，就凭借着其天使战略投资人的资源，顺利拿到了天猫超市仓储机器人的订单。

但郑勇根据做专业投资咨询的经验，并不想在创业初期就寻找战略投资人。因为他觉得，创业企业应该有自己的战略性诉求，如果受到外力影响，就有可能无法按照自己最初设定的最适合自己的道路去发展。

当时郑勇经过一番衡量，最终还是选择了一位能让公司更快获得订单的天使投资人，也就是上面提到的帮助公司拿到天猫超市仓储机器人订单的投资人。

不过极智嘉对融资始终保持谨慎的态度，在成功迈出第一步以后，为了保障公司后续的需求和利益，他们在接下来很长一段时间里，只选择与那些纯财务的投资人进行合作，不再过早地依赖战略投资人以及他们带来的客户关系。

随着时间的推移，极智嘉终于迎来了公司比较成熟的阶段。这个时候的他们更需要一个战略投资人。因为如果公司想要 IPO 上市，就需要战略投资人为公司做业务支撑，这是必将迈出的一步。公司成熟时期跟初创时期的情况有所不同，他们更期待此时会有多个战略投资人一起来投资，共同帮助公司做强、做大。

2.3.3 投资人点评：母校永远给清华人以支持

辛　旺　高榕资本董事总经理

极智嘉的师生共创模式与传统意义上老师带着学生创业有所不同。这个项目先是发起人郑勇捕捉到了行业发展的方向，再主动组织团队，然后大家一起齐心协力把这个项目快速推动起来，并最终实现了商业化。

可以说，这种模式比传统的带着技术找市场要好得多。现在很多高校老师想去创业，却苦于没方向。或者明明手里有东西，却不知道哪个能够在市场上推。上面这种情况，都可以借鉴极智嘉的模式——去找到那些已经捕捉到方向的人，一起实现合作共赢。

清华人搞创业本身就有着得天独厚的优势，有强大的母校在背后作支撑，有遍布全国的校友资源作依托，加上清华人“自强不息，厚德载物”的精神，清华的创业者更应该充满信心，去迎接一个又一个胜利。

2.4 清泰科：专注核心技术创新

- 面对成熟行业，快速出圈的秘籍是什么？
- 创企如何寻找自身核心优势？
- 师生共创模式成功背后的核心奥秘是什么？

2.4.1 项目简介与发展历程

基于清华大学电机系的科研成果，利用新能源汽车行业多年的应用经验，清泰科新能源技术有限责任公司致力于为电动汽车、电气化交通领域提供先进的电驱动和电源系统产品以及解决方案。

公司产品包括新能源汽车的主驱、上装电机及控制器系统、ISG电机和控制系统，以及分布式驱动的轮毂电机和控制系统等。目前，清泰科的主要业务是给各大电动汽车厂商提供电机和控制系统。

2017年6月，清泰科正式创立。公司总部位于北京市昌平区，全资子公司落在西安。公司是由清华大学陆海峰教授牵头，邀请有10多年行业经验并在某上市公司新能源事业部担当CTO（首席技术官）一职的张磊一起创建的。

清泰科拥有多位来自清华大学的教授和博士作为核心团队人员，还拥有工作经验都在10年以上的行业研发骨干。公司根据市场需求推动实验室内的成果落地，是一家让高校前沿技术研究成果合理产业化的创业公司。

清泰科拥有完善的管理体系，先后获得国家级高新技术企业认证、ISO 9000/14000/18000 质量体系认证、汽车行业 IATF 16949 认证等。截至目前，公司已经获得和正在申请的新能源汽车的电机和控制专利有 50 多项。其独创的两挡电机及控制系统，可有效解决单电机无法同时兼顾车辆低速加速和高车速行驶的行业痛点问题；高集成度的轮毂电机和控制器，为分布式驱动电动汽车提供了高性能的解决方案。

公司先后获得英诺天使、清华 x-lab 创业 DNA 基金、常州易控、海贝创投、华强、西高投等机构和企业的多轮投资，发展前景得到了投资人的充分认可。

2.4.2 创业故事

一家新企业的诞生

一家在行业大势已经形成后建立的创业公司，为何能在激烈的市场竞争中实现稳步发展，并获得资本的青睐和客户的信任？对清泰科来说，答案就两个字，那就是“技术”。

清华大学电机系陆海峰教授研究的基础专利技术，能让电机的性能大幅提升，可以使低速段扭矩和高速段恒功保持范围都有所提高，使车辆启动扭矩提升高达 30% 以上，同时车辆在最高速行驶时仍可保持峰值功率不下降，这可以说是行业内颇为领先的技术。

如果技术仅仅停留在实验室，那就永远只能是个无法造福人类的研究课题。陆海峰教授希望自己的技术能为人类和社会作出更大的贡献，于是考虑如何通过产业化把这项技术落地。

然而，做企业跟搞学术有很大的差异。陆海峰邀请已经在某上市公司新能源事业部做 CTO 的学弟张磊来帮忙，并立志一起造福社会。整个团队的核心成员就此齐聚，一个师兄弟联手打造的师生共创合作模式正式运转，清泰科诞生了。

有来自清华大学的前沿技术作支撑，清泰科诞生后的 4 年间，先后与多家企业建立了合作关系，包括福田、开沃、徐工、长安、中车、中航、中船等国内龙头企业。

清泰科作为科技创业公司，从一开始就站在清华大学这个“巨人”的肩膀上，有无可比拟的技术优势，当然更容易脱颖而出。

科技创业公司的破局之路

时光倒回到 2017 年 6 月，当时张磊回到母校，他约上留校的师兄一起游逛久违的清华园，回忆往昔青春岁月。走在校园里，两人不禁感慨，一晃已经毕业 10 年了。两个人从上学时期就一起做电动汽车、电机驱动研究方面的工作了。

汽车电动化是大势所趋。作为传统汽车燃料的石油是不可再生能源，终有一天会枯竭。而且石油燃烧是有污染的，不利于环境保护。特别是对中国来说，本身还是一个相对贫油的国家，如果能有办法减少对石油的依赖，对国家的能源安全就有非常重要的战略意义。

近几年来，我国大力推进节能减排，这在一定程度上推动了国内电动汽车行业的蓬勃发展。2014 年，国内电动汽车销量只有几十万辆，到现在，电动汽车的销量已达到百万辆的规模，这种增长带来了巨大的商业机会，每个人都能感觉到这些急遽的变化和涌动的机会。

张磊和师兄还聊到"十一五"规划，国家针对新能源行业制定的"三纵三横"研发体系："三纵"是指不同的车型——纯电动、混合动力、燃料电池；"三横"是指电机、电控和电池。电机和电控既是汽车发展电动化的关键环节，又是最核心的零部件。无论哪种车型的电动汽车都离不开电机和电控，这是一个非常关键的核心技术。

两人多年来深入行业内部，对电动汽车和电机控制相关领域有非常多的想法和丰富的技术储备。更令人惊喜的是，师兄还拥有领先的专利技术。聊到后来，两个人一致认为应该把先进技术应用到生产领域，以推动电动汽车行业的发展。

张磊的这位留校师兄不是别人，正是清华大学电机系的陆海峰教授，他掌握许多行业先进的电机技术。正如清华 x-lab 创业 DNA 基金合伙人描述的那样："这项技术能够让电机低速段的扭矩和高速段的恒功率性能大幅提升，对于行业现有技术来说具备领先性。"

而此时，陆海峰教授正在物色人选来帮助自己将这项技术从实验室推向市场。在他看来，已经在某上市公司新能源事业部做到 CTO 的张磊既懂技术又懂企业管理，而且还是自己的师弟，两个人知根知底，有种天然的信任感。如果选合伙人，张磊可以算得上是最佳人选。因此，两人见面后一拍即合，在师兄的支持下，张磊在西安注册了“清泰科”公司。

创业不易。对于张磊来说，第一个困境就是，想要创业，势必无法再保留从前的职位。是否从现在公司高管的位置上离开，这张磊需要做出决定。全身心投入创业，不仅薪金待遇差得不是一点半点，而且创业对家庭生活的影响也非常大。好在爱人给了张磊很大的支持，她温柔地鼓励道：“做自己想做的事情，是一件好事。给你 2 ～ 3 年的时间去做自己想做的事，家里不用你担心，只要保证基本生活开销就可以了。”

2017 年 12 月，经过深思熟虑，张磊毅然离职，开始了他的全职创业之路。创业并非一帆风顺，甚至可以说坎坷不断，在变动的市场环境中，公司也在不断进行调整。2018 年，刚组建起团队的时候，张磊他们最初的想法是打造标准品进入市场。但是随着对市场、客户的深入了解，他们发现这个思路很难打开市场。因为清泰科只是一个很小的创业型企业，制造标准品在行业中并无绝对的优势。也就是说，依靠传统打法，公司很难进入大型车企的供应商名录。

意识到这一点后，张磊立刻转变思路，即发挥公司的技术创新能力优势，以解决大型车企的痛点问题来定制产品。功夫不负有心人，很快，清泰科凭借自身的优势获得了客户的信任，逐渐把技术转换成市场需要的产品。在公司决策中，师兄陆海峰给予张磊绝对的支持。他们分工明确，张磊主要负责产品、市场的工作，而陆海峰则在技术上进行指导。

这种师生共创式的合作源于对彼此的信任。因为有信任，才有了高度的默契。对此，陆海峰是这样解释的：“张磊是我的师弟，为人比较踏实。我们一起在清华大学共同学习了 5 年，很长时间都在同一个实验室里工作。从生活、学习到工作，确实都非常了解，这个信任可以说是无与伦比的，完全可以做到背靠背，我们可以很放心地把自己的后背交给对方。我们就是一个团队，就是一支战斗的队伍。”

在坚实互信的基础上，两个人都对自己的角色和定位有着清晰的认识，能互相补益，这样才能达到团队的效果，激发出比单人作战更大的能量。

2018 年春节前，清泰科获得了英诺天使基金领投，清华 x-lab 创业 DNA 基金、泰有资本和常见资本跟投的天使轮融资。资金到位后，张磊马上做了两项工作：一方面，快速组建全职的创业团队；另一方面，开始相关产品的研发工作。2018 年下半年，产品样机陆续面世。张磊又根据市场反馈，重新对样机做了进一步调整，并于 2019 年把新产品推向市场。这次调整让公司产值相较 2018 年有了更大的提升。2020 年，张磊顺应客户需求，进一步丰富了产品线，让公司的销售额比 2019 年翻了一倍还多。

谈到公司的发展，在清华大学举办的 2021 年师生共创云沙龙上，张磊说：“2021 年，公司进入到第二个发展阶段——重新有选择地开发标准化和系列化产品。清泰科在 2021 年上半年已经完成针对特定电动车型市场标准品的系列化工作，例如以各个功率段、扭矩、转速以及不同的安装应用形式，打造了整套产品结构。随着系列化产品的增多，公司形成了一套完整的产品矩阵，为之后产能大规模爆发奠定了基础。”

正如张磊计划的那样，清泰科利用 3 年左右的时间成功完成了第一个阶段的目标。而在接下来两三年的时间，他们将迈入第二个阶段，企业也将展翅腾飞。

发挥自身优势

张磊认为，新能源汽车是一个大市场，细分市场众多，技术路线众多。无论是氢燃料电池汽车、纯电动汽车，还是混合动力汽车，不同的车型对动力的需求不同。每一条技术路线都有自己独特的优势，因此做好产品和技术，找到对应的细分市场，为客户创造价值，才是成功的基础。

陆海峰认为，清泰科主要做的是关键共性技术——电机及其驱动技术。也就是说，无论纯电动汽车，还是氢燃料电池汽车，或是混合动力汽车，都离不开具有关键共性技术的电机及其驱动技术。而这个优势来自陆海峰在比较领先的技术方向上持续深入的研究。把转化出来的产品推向市场，这就是清泰科的核心优势。

成功的基因模式

师生共创模式让停留在实验室里的科技成果与市场对接，取得了不错的成效。师生共创是实现高校科技成果转化特别好的方式和路径。

正如清华 x-lab 创业 DNA 基金合伙人所说的那样："经过多年的试验，我们投资了很多师生共创项目，从目前来看发展得都不错。就像清泰科那样，创始人和导师都来自清华大学，作为师生共创项目，的确在市场上获得不错的反响。”

不过，谈到师生共创时，很多人会从字面上理解，觉得只能是“老师”和“学生”一起做项目。其实不尽然，所谓“师生共创”，不一定局限于老师和学生之间。因为在高校科技成果转化这件事情上，应该更多强调的是科技工作者和企业经营者之间的信任关系。科技工作者是老师，企业经营者是负责把科技成果转化出来的人，他们可能是在校的学生，也可能是校友，或者是业内人士。

老师和学生间本来就有着不错的信任关系，我们把老师和学生一起做项目称为“师生共创”。但实际上，这种信任关系也存在于师兄弟间，或校友和朋友之间，这是一种可推广的以信任为纽带的模式。也就是说，如果科技工作者能找一个值得信任并懂得企业经营的人来共同做企业，就能够产生“1+1>2”的效果，这也是师生共创。所以师生共创的核心不是参与者的身份，而是一种基于“师生”的信任关系。

不得不承认，在部分学校，师生共创也会出现一些问题，比如有的老师没有做企业的经验，就很容易与市场脱节。而像陆海峰和张磊这样的师兄弟关系就会好很多，两人地位相对比较平等，彼此也尊重，在工作上又各司其职。也正是这种良好的关系和合作机制，引领着清泰科持续开发出符合市场需求的产品，创造出更大的价值。

2.4.3 投资人点评

葛　平　海贝创投创始合伙人

作为清泰科的投资人，我认为，随着社会的发展，我国制造业的实力日益强大，在新冠疫情期间更是展现了“超大规模产业链”的优势。但就目前来看，韬光逐薮，含章未曜，优势仅仅是优势，我国在智能制造领域并没有强大到完全没有对手的地步。

我们可以看一组数据：截至2020年，我国申请PCT国际专利的数量首次超过美国，成为全球第一，且2020年中国仍然稳坐第一的位置。从这些专利的申请量来看，中国的科技成果积累已经达到了相当高的水平。

但是从另一个角度看，我国专利的有效实施率却较低。根据2019年中国专利的调查报告显示，高校的专利实施率只有13.8%，科研单位为30.8%，企业为63.7%。从产业化率指标上看，高校为3.7%，科研单位为18.3%，企业为45.2%；从许可率上看，企业为6.1%，高校为2.9%，科研单位为2.0%；从专利转让率上看，高校为3.2%，科研单位为1.3%，企业为3.7%；从作价入股上看，高校为2.0%，科研单位为1.7%，企业为3.1%。

也就是说，从整个比例来看，我国申请专利的绝对数量不少，但是专利的转化和利用率却很低。专利意味着创新，但创新除了体现在基础性的研发上，还应该体现在创造价值上。投资人投资科创型企业，并不是投资技术本身，而是技术所带来的创新和市场价值。

科研是将金钱转化为知识的过程，创新是将知识转化为金钱的过程。从评价购买力来看，尽管我国的科研经费已经超过了全球最发达的国家，但是我们的科研成果转化率却依旧很低，这样的困境难免让人忧心忡忡。

2019 年，清华大学科研项目申请量居全球高校第一，这么多基础性的研发，怎么转化为生产力呢？怎么到市场上去竞争呢？这不单是清华大学的课题，也是国家科研和教育领域亟待解决的大问题。我认为，清华大学把校内的科研成果推向市场的师生共创模式，是解决这一问题的有效方式。

对比美国硅谷，硅谷创业比较好的模式是“双长制”——“科学家 + 企业家”。每个人都做自己擅长的事，以实现“1+1>2”的效果。在清泰科，陆教授是科学家，张磊虽然也偏科研，但他有在外资企业和上市企业工作的背景和经历，所以“双长制”在这里也是能成立的。

另外，投资界有一句话，叫“投资先投人”。我发现，张磊是一个特别踏实且有定力的人。他能冒着创业九死一生的风险，毅然决然放弃上市公司高管的职位，这表明他有闯劲。加上陆教授团队技术的支撑，这个组织架构是非常合理的。从投资人的角度来看，不管是清泰科团队的领军人还是团队整体的搭配，都非常完美。

刚投资清泰科的时候，公司营收连 1000 万元都不到，但我依然对清泰科充满信心。

新冠疫情对大部分企业的影响都很大，但在 2019 年，张磊还是顶住了压力，让公司的营收翻了数倍。2020 年，清泰科也保持了良好的发展势头，合同金额超出预期。

2.5 博鹰通航：转业军人的创业故事

- 为什么转业军人要去清华读研？
- 军人作风为创业带来怎样的益处？
- 如何设定公司的发展战略？

2.5.1 项目简介与发展历程

项目简介

北京博鹰通航科技有限公司（以下简称博鹰通航）成立于 2015 年，由退伍军人王飞创建，是一家集科研、生产和服务保障于一体且运营体系非常完善的“专精特新”高新技术企业。

博鹰通航是在清华大学创业开发课上通过学科交叉孵化出的师生共创的创业项目。公司成立 6 年来，经营模式由核心零部件供应的 2B 模式，逐渐过渡到系统级产品的 2C 和 2G 模式。

公司自主研发的无人装备智能控制系统产品性能强劲，在农业、防务、环保等行业和领域得到了广泛应用。其中，农业无人机专用飞行控制系统产品在市场中更是独占鳌头。

公司还根据无人机服务安全管控和共享市场需求，自主开发了“博鹰无人机运维大数据云计算平台”。目前注册无人机驾驶员逾 10 万人，上线飞机数万架，系统规模业内领先。

除此之外，公司还研发了多类前沿产品，例如：重载长航时无人机、垂直起降固定翼无人机，以及地面无人车等多种智能化无人装备运载平台。

创立 6 年多来，公司获得了一系列的成绩和荣誉：北京市专精特新企业、国家高新技术企业、中关村高新技术企业、北京理工大学“智能无人系统设计与实践”协同育人基地、清华 x-lab 重点培养项目、启迪之星明星企业、湖南科技大学“雷场探测国防科技试验场”协同基地等。

近年来，公司相继承担了航空、航天、兵器等多个领域的科研项目，研发并储备了编队集群无人机、混动长航时无人机、柔性翼无人机、水空跨介质机器人等创新构型无人系统和技术，应用前景十分广阔。

在融资方面，公司获得了投资机构的多轮投资与孵化。

博鹰通航发展历程

2015 年 2 月，北京博鹰通航科技有限公司成立。

2016 年 1 月，获得中科院机构投资。

2016 年 8 月，获得中关村高新企业证书。

2016 年 12 月，获得国家高新企业证书。

2017 年 10 月，公司“PALADIN”农业无人机专用飞行控制系统发布。

2018 年 1 月，公司 Ai-Fly 智能装备大数据云系统上线。

2018 年 1 月，获得 ISO 9001 质量认证证书。

2018 年 1 月，获得武器装备质量认证证书。

2018 年 5 月，获得清华 x-lab“重点培养项目和启迪之星明星企业”荣誉称号。

2018 年 6 月，获得共青团“创青春”双创大赛现代农业组金奖。

2018 年 9 月，获得民用无人驾驶航空器经营许可证。

2018 年 10 月，获得中关村国际前沿科技创新大赛 TOP10。

2019 年 8 月，公司“ARA”无人车自动驾驶系统产品发布。

2019 年 8 月，获得环境管理体系认证证书。

2019 年 8 月，获得安全管理体系认证证书。

2020 年 5 月，公司产品入围新基建和抗击疫情新产品目录。

2021 年 5 月，获得第八届清华大学“校长杯”创新挑战赛挑战奖。

2022 年 3 月，获得北京市“专精特新企业”称号。

2.5.2 创业故事——转业军人的创业之旅

创业路上，贵人相助

很多人认为创业很简单，到处都是机遇，可真等到自己投身进去，才发现到处是坑。

而创业这件事之所以不容易，是因为需要突破的关卡实在是太多，技术、管理、投资等条件缺一不可。这个时候，如果能有一个创业顾问来帮助创业者把创业的想法落地，那简直可以称得上是创业者几世修来的福气。

王飞就是这样一位被命运眷顾之人，他也是这样谦虚地评价自己的。他拥有北京理工大学博士学位，同时，他还是一名技术大拿，曾在原解放军总装备部机关工作，主管国家航天装备建设和任务保障。此外，他还曾在浙江中控北京研究院担任副院长。就是这样一位优秀的人才，对于自己想要创业的想法，仍然感到迷茫，不知道具体要做什么、怎么做。

2012 年，为了寻找创业灵感，怀着鸿鹄之志的王飞报考了清华大学经管学院的 MBA。他希望通过系统学习，了解企业运营的方法和投融资方面的一些知识。

王飞参加国家统考笔试很顺利，并通过了清华大学经管学院近乎苛刻的面试环节，顺利成为 MBA 13 级的新生。第二年，王飞就遇到了自己创业路上的贵人——清华大学经济管理学院创新创业与战略系的高建教授。

高建教授当时主讲的课程是“创业开发”。在课堂上，高建教授围绕着商业计划书开展案例教学，并且要学生按要求提交作业。当时，王飞制作了一份农业方面的创业计划书交了上去。没想到，要求严格的高建教授把这份作业打了回来，他建议王飞根据之前的技术经验来制作商业计划。

王飞和几个同班同学组建了团队，并重新制作了一份商业计划书。机缘巧合，正是这份课堂上逼出来的商业计划书，孕育出了一家高科技公司。在高建教授的鼓励下，2015 年 2 月，博鹰通航公司正式成立。公司成立初期以飞控研发为主。考虑到项目运转周期比较长，在产品发售之前，公司没有收入，只能靠融资存活，于是，高建教授便推荐王飞入驻清华 x-lab。

经过了解，王飞发现清华 x-lab 这个平台可不简单，它是清华大学新型创意、创新、创业人才教育和培育的平台。这里经常组织各种讲座、比赛、交流以及实践活动。在这里，王飞认识了清华 x-lab 平台创业 DNA 基金主管合伙人，在他的推荐下，王飞接触到了清华启迪控股。而在启迪路演的时候，他又认识了中科院国科嘉和的丁润强，并通过丁润强拿到了第一笔千万元的融资。

拿到第一轮融资后，王飞团队就开始了紧锣密鼓的研发工作。2017 年 8 月，他拿着科研成果到深圳参加一个关于加速器的研讨活动，在那里，他又遇到了高建教授。经过高建教授牵线搭桥，王飞得到了路演的机会。在路演的时候，王飞的项目得到投资人赵伟的青睐。幸运的是，赵伟觉得项目不错，又拉着王飞去见了国家知识产权局基金机构的合伙人。

在大家的支持和帮助下，王飞最终拿到了第二轮千万量级融资。此时，博鹰通航估值已过亿元，王飞也完成了他人生的第一次华丽转身。

但创业这条路从来就没有坦途。看似一切一帆风顺，实际上，王飞的公司在发展过程中也遇到过不少艰难坎坷。好在有高建教授这个贴身顾问，只要遇到想不明白的问题，王飞就会专程去找高建教授请教。

高建教授和王飞平时都很忙，每次见面也只有半小时或一小时的交流时间，但高建教授的建议却让王飞和他的公司少走了很多弯路。

比方说，很多公司在创立之初都会遇到发展和战略方向上的问题，“四大盈利模式”“五大战略主线”等名词铺天盖地，感觉很杂乱。对于这个问题，高建老师的建议是：“要做就做核心的东西。创业企业资源有限，无法一下子应对那么多的方向。一定要思考自己最核心的东西是什么，只在那一点上做，一直做到单打冠军。”

在高建教授的指点下，经过思考和复盘，王飞觉得公司目前最核心的东西就是研发智能控制系统。他果断地把其他非核心业务全部砍掉，轻装上阵。在明确方向之后，公司的发展果然是越来越顺。

踏实军风，赢得客户青睐

谁能想到，就是这样估值数亿元的行业龙头企业的 CEO，出行只坐高铁二等座，住的也是普通的快捷酒店；到子公司出差，晚上更是直接睡在办公室的行军床上……而这些就是王飞的常态。

这在很多人看来根本无法想象。为什么要这么艰苦？王飞对此却并不在意，他谦逊地摆摆手，只说自己对物质方面的要求本来就不高。

王飞出生于一个军人家庭，王飞的父母和爱人曾经都是军人，他自己也当兵多年。军人家庭对他的影响非常深刻，跟王飞聊过天的人常常会被他朴实的作风打动。显然，这种军人式的优良作风，也被他带到了工作中。

2020 年，某 A 股上市集团准备上马农业无人机项目。这个消息属于该集团的商业机密，是很难得到的项目信息。

而善于捕捉机会的王飞团队在市场偶然交流的只言片语里找到了项目线索，他们马上发挥军人敢打敢干的作风，在信息和资源非常有限的情况下，一边继续挖掘线索，一边快速制定出一整套产品销售方案和执行计划。

上到高管，下到销售，博鹰通航以立体配合的方式，迅速让该集团感受到来自博鹰通航的合作诚意。就这样，别人用半年时间都没拿下的订单，王飞仅仅用了一个月的时间就搞定了。功夫不负有心人，单单这一个订单，金额就高达数千万元。

在王飞看来，做业务不能只从自己有什么产品的角度出发考虑问题，而是要想客户实际需要的是什么。正如他经常说的那样："想您所想，给您所需。"王飞团队一直都是根据客户的需求来提供个性化服务的。不仅如此，王飞还会把客户当下的需求，甚至是他们将来可能产生的需求，一起列入产品功能规划之中，并且努力一一实现。

这种军人式贴心服务的实在劲，怎能不打动客户呢？

不过，王飞也并非一开始就能做到如此贴心。在最初做市场的时候，他觉得只要技术过硬，开发出的产品就一定会被客户接受。但现实根本不是那么回事，很多时候，自己觉得已经做出了尽善尽美的产品，但客户仍然会提出很多问题。

除了用产品满足客户需求外，王飞更希望能帮助客户解决实际问题。譬如说，对于洽谈上市集团农业无人机的合作项目，在确定合作意向后，王飞亲自去实地考察发现，一线的需求的确跟公司产品研发团队认为的需求有很大差距。

了解到问题所在，王飞马上派出产品经理，和客户一起下农田参与实际作业，查看问题到底出在哪里。他们给客户量身定制了产品，配合调试装机，并协助客户进行作业。王飞经常感慨地说："太阳晒黑的是我们的脸，可我们收获的是客户的心。"

万事开头难。刚开始的时候，客户中层并不认可给他们量身定制的机器。直到后来，他们看到无人机在实际作业时表现得非常出色，即使经过载重上万吨的连续作业，也没有发生过一次故障。

博鹰通航不只是卖了产品就完事，他们还兢兢业业地做好售后服务，帮助客户解决实际问题。最终，上市集团上上下下都接纳了博鹰通航。

在王飞看来，合作飞控卖的不单是产品，更是长期技术保障的服务。因此，即使是已经完成了订单，等到了作业季，公司仍然会委派技术人员，跟着客户直接奔赴一线，实地帮助他们解决问题。

正是这种务实的工作态度，在遍布艰难险阻的创业历程中，帮公司赢得了一个又一个客户。王飞曾骄傲地说："在我手里，还没有丢过客户。"

公司战略，灵活机动

通常的市场观点认为，为了让产品更有竞争力，创业公司的产品结构要垂直。博鹰通航成立初期以飞控研发为主，但在之后的商业计划书上呈现出来的是，其产品不但要装到飞机里，而且还要装在地面以及水面上的行驶器里，这有可能会让人感觉产品比较零散，不够聚焦。

而王飞认为："产品线散不散这件事，要从两个角度来考量。

针对投资人来说，投资人当然希望看到的是一项独一无二的技术，或者是一家有着爆款产品的公司。但是很遗憾，博鹰通航面对的不是这样的市场。”

“因为无人机领域国内已有一家龙头企业，如果初创公司过分强调自己是做飞控的话，就很难绕开它。”王飞说：“我碰到好多投资人，一聊起飞控，就说那个龙头企业的市场份额已经那么高了，你怎么办？我只能回答说，活着没问题，但在考虑未来发展的时候，那个龙头企业始终是个拦路虎。我们做不出体量，也就不能死守着单一行业飞控那条路。”

王飞还说：“反过来，产品是做给客户的，博鹰通航重点是做无人机飞控的，创业到现在，公司的销售收入相当比重都来自农业无人机飞控。如果技术和应用场景双管齐下，生意就来了。”

正是这种灵活的战略战术，给博鹰通航创造了很多机会。有些业务甚至是客户和具体应用场景推动带来的。

有一次，王飞在跟国内某行业龙头上市公司进行无人机飞控技术合作洽谈时，他看到对方在调试地面割草机。当时灵机一动，王飞跟调试人员说：“不如也改成无人的吧。”因为对方对之前的合作非常认可，所以就直接委托博鹰通航着手无人智能割草机的研发工作。

王飞敏锐地发现，从技术上来讲，不论是天上飞的、地上跑的，还是水里游的，底层的控制算法基本没有区别，只是封装硬件和被控对象模型有所不同而已。也就是说，用的软、硬件架构没什么区别，只需把封装、模型和参数调整一下就可以了。

就这样，技术还是原来的技术，市场却大大地拓宽了。博鹰通航瞬间就拥有了无人机、无人车和无人船等技术产品，市场体量增长了好几倍，业绩一下子就起来了。所以，尽管现在飞控业务是公司的主要销售收入，并积累了一定的技术，但王飞还是选择了迂回的战术，基于核心技术实现了地空结合。

王飞的思路就是先把产品做扎实，再把体量做起来，这样才能让公司获得更好的营收。王飞的考虑还不止于此，如果未来想要走上市这条路，没有一定的体量是很难登陆科创板的。

说到营收，就不得不提整个团队的商业模式。博鹰通航目前是采用 2B 模式，也就是面向客户的销售模式。销售思路很简单：你做无人整机，我过去找你做飞控。因此，在创业初期，王飞只能靠参加展会，利用收集到的名单来找客户。

但是，如今情况已经发生了质的改变，即使王飞不跑展会，市场上激增出来的无人机订货量也会马上知情。因为随着公司的发展，博鹰通航已经成为农业无人机领域的隐形冠军，客户在选择产品和厂商时，往往会主动找博鹰通航合作。所以，博鹰通航肯定会第一时间得到比别人更多的行业资讯和动态。

对于传统的 2B 模式来说，产品和技术不错，服务又好，那合作基本上就能达成。一旦合作，以后也就固定下来了，客户黏性非常强。不过，虽然现在博鹰通航 2B 模式运行得不错，但未来一定会过渡到 2C 或 2G 模式，因为一个公司如果只是供应单一核心产品的话，是很难做大的。

从表面上看，博鹰通航的业务线很多，但事实上，其主线只有一个，那就是以控制系统为核心往外做延展。在产品研发和市场反应上，应用场景的适应性和灵活性给博鹰通航带来了更多的机遇和发展空间。

2.5.3 投资人点评：大赛道下的硬科技企业，千亿估值指日可待

赵 伟 北京国知智慧投资中心投资总监

初识，建立起合作意向

博鹰通航最终能打动我来投资，主要有以下几个原因。

第一，作为投资人，我认为一个企业的赛道选择很重要，无人机是比较好的行业爆发点，所以博鹰通航的产业方向是对的。

第二，我很看重经营者本身的素质。在这一点上王飞的优势很明显，他是军人出身，身上有着创业者敢打敢拼的劲儿。而且他来清华大学读书之前就已经是博士了，在专业层面没有问题。

第三，博鹰通航在技术上比较扎实，属于创新类技术，而非早期互联网领域那种偏模式的创新，因此更有竞争力。而且，博鹰通航不仅仅是技术过硬，搭建的平台也非常棒。

基于以上这些优势，我对王飞充满信心。我仅仅花了三四个月的时间就完成了整个项目的调研工作，很快就给博鹰通航投资了两轮，共计数千万元人民币。

合作共赢

事实上，投资讲究“募投管退”，其中的“管”特别重要。

通常来说，管分成两种：一种是被动的管，意思是投资人每个月调查财务状况、业务发展状况等，这些都是被动的，投资方并不会直接参与管理；另外一种是主动的管，主动给企业带来价值，而不是采取骚扰性的问询，却从不提供建议。

我认为，作为投资方，要把自己当作公司的股东，要主动地“管”。所以，我在与博鹰通航建立起合作关系后，一直主动地帮他们解决难题。

比如，由于受到新冠疫情的冲击，公司曾经出现资金短缺的问题。这时，我不但追投了第二轮投资，还为公司介绍了不少客户，例如在新冠疫情期间给医院和社区提供地面无人设备，做防疫消杀等。这些“无人”项目符合国家发改委提出的新基建方向，不但在新冠疫情期间帮助公司实现了逆势增长，还引来了银行的融资。

在 2020 年新冠疫情期间公司也照样盈利，这一点非常了不起。

另外，我还帮助博鹰通航做了下一步的融资布局。比如，对接后续投资人，做好持续融资，以及帮助王飞梳理公司的优势和定位，以使公司有更明确和恰当的发展策略等。

殷切期望

我认为，博鹰通航这个项目的市场前景非常广阔。因为在未来，很多场景都会实现无人化、智能化。

比如说，目前田地里都是机械化生产，早期劳动密集型的农业已经不多见了，而机械化发展到最后就是无人化、智能化，因此这些技术对农业的标准化生产更加有利。再加上现在人力成本越来越高，年轻人也不愿意在田里劳作，所以未来中国很有可能也会出现大量无人农业工厂。这种农业工厂是需要大量信息化、智能化的硬件设备作为支撑的。这样看来，博鹰通航未来的市场空间是非常广阔的。

在无人机领域，控制平台一直都是最核心的部分，其他像电机、电池、螺旋桨等部件相对比较容易采购。而博鹰通航刚好就是做无人机最核心部分的，可以轻松又迅速地使无人整机产品化，因此，博鹰通航在市场中的优势是很明显的。

王飞有着军人式务实和低调的作风，现在公司又堪称是这个领域里的领头羊，如果加上特种列装和外贸业务，在未来两三年的时间里，博鹰通航应该就能冲进资本市场。5 到 10 年后，公司可预见的年产值可能会达到几十亿元，或上百亿元。到那时，就算是王飞和他的公司再低调，也终将会被市场所发现。

像这种大赛道上的硬科技类企业，即使是将来要做到千亿元估值，也应该是易如反掌。我对博鹰通航很有信心，也热切期待其扶摇直上、鹏程万里。

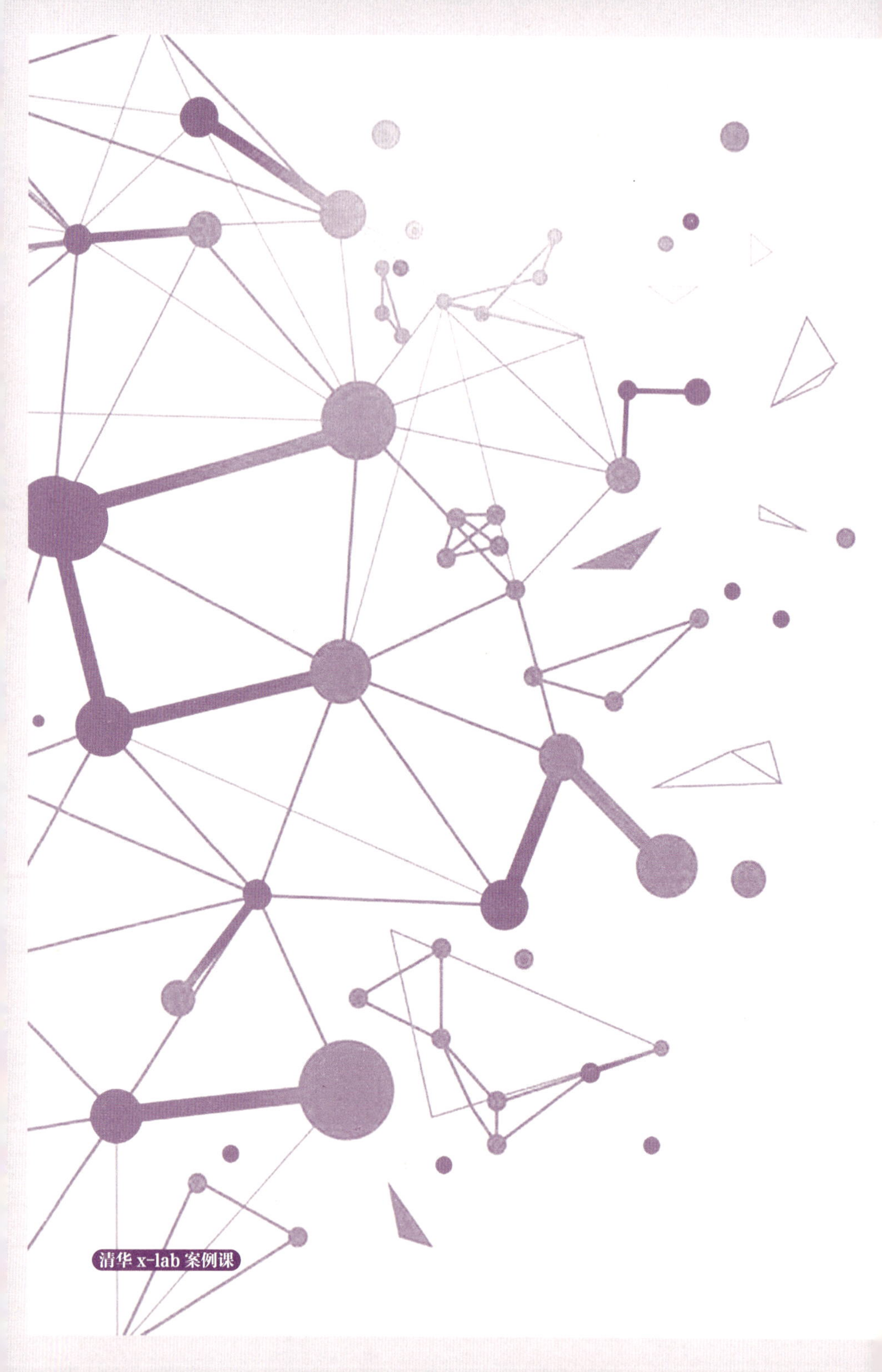
清华 x-lab 案例课

第 3 章

先进制造业的师生共创

我国先进制造业的前景

昇科能源：引领能源智能化革命

超星未来：引领智能驾驶新科技

弘润清源：让 22 亿人摆脱用水危机

3.1 我国先进制造业的前景

2008 年金融危机以来，欧美等传统发达国家和地区，逐渐重新认识到制造业在国民经济中的重要作用，并纷纷鼓励其国内制造业的发展，尤其是期望通过引领新一轮产业革命使其重获制造业优势。为了保持我国制造业大国的优势，我们必须要加快发展先进制造业，从制造业大国转型为制造业强国。

原机械工业部总工程师、中国机械工业联合会特别顾问朱森第指出："我国需要推动战略性新兴产业、先进制造业健康发展。制造业的持续健康发展仍是我国经济发展的主要动力，而转型升级是主旋律。"

朱森第认为，未来 10 年我国制造业将更加个性化，更加凸显服务特色，制造过程更加趋于友好和开源，基于网络的制造也更加活跃和普遍，制造将成为效率更高和质量更好的经济活动。他建议，应密切关注以下一些革命性技术的发展：再生能源，包括新能源、新材料、复合材料、各种材料的制粉技术；大容量储能技术，包括氢储能、能源互联网、分布式电网；分散式制造，包括网络制造、云制造、定制化生产、集群效应、利基思维；生物技术包括纳米制造技术、数字制造技术、智能集成制造技术、增量制造技术等。

先进制造技术的主要特点体现在系统与集成。和传统制造业相比，先进制造业有以下特点。

（1）传统制造业强调单学科创新，而先进制造业重在各专业和学科的交叉、融合，以形成集成化的新技术。

（2）传统制造业重在加工制造过程中的工艺改进，而先进制造业整合了从产品设计、加工制造到营销的全过程。

（3）和传统制造业相比，先进制造业强调低耗能、无污染的可持续发展，并通过引入信息技术，使得先进制造业成为集成生产过程中的物流、能量流和信息流的系统工程。

“发展先进制造技术，光靠企业行不行？不行。光靠大学行不行？不行。”中国工程院院士柳百成建议，在发展先进制造技术的过程中，要加大研发投入，特别要加强企业和大学协同创新联盟的建设。在企业和大学协同创新方面，清华大学有很多成功的经验，涌现出了一大批相关技术领域的带头人。清华大学在先进制造产业的主要学科分布，如图3.1所示。比如，车辆与运载学院的欧阳明高院士是中国新能源领域的领军人物，他一直以来非常重视技术和产业的结合。为了推动氢能的产业化，2004年他亲自出任董事长，成立了北京清能华通科技发展有限公司（科创板“中国氢能第一股”亿华通的前身），并担任中国电动汽车百人会副理事长。同时，他所领导的汽车安全与节能国家重点实验室孵化了多个新能源行业的创业项目，下文中提到的昇科能源，就是一个典型代表。

大学不仅是学术高地，更是技术创新的重要源头，制造业要从传统走向先进，离不开大学技术创新的赋能。2020 年 7 月 29—31 日，华为公司 CEO 任正非带队访问了上海交通大学、复旦大学、东南大学和南京大学，以促进产学研结合，推进科研创新和人才培养。作为一个先进制造业的领袖人物，任正非先生也是看到了产业与大学技术创新结合的重要性。

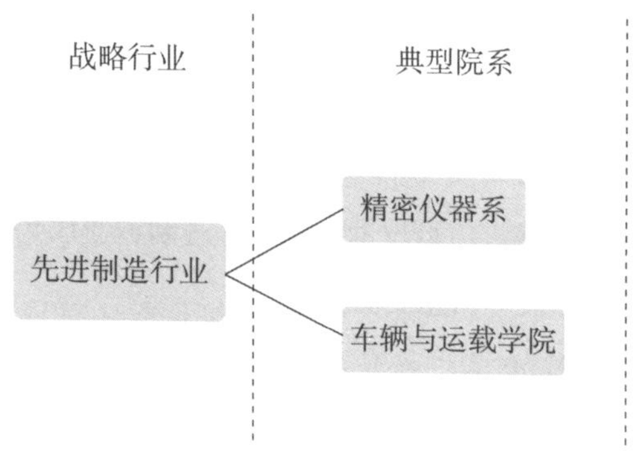

图 3.1　清华大学在先进制造行业的主要学科分布

3.2 昇科能源：引领能源智能化革命

- 创业公司如何 PK 行业巨头，如何在市场中占有一席之地？
- 创业公司如何进行高效成果转化？
- 如何在学术思维和产业思维中寻找平衡？

3.2.1 创业团队与公司介绍

北京昇科能源科技有限责任公司（以下简称昇科能源）成立于2019 年 7 月，致力于构建全球最大的电池人工智能数字网络，是一家专注于新能源人工智能服务的高新技术企业。昇科能源通过自主研发的 AI for SmartEnergy（ASE）技术，以数字网络作为基础，为新能源汽车、充电、储能等场景提供智能运维服务和解决方案，使客户彻底告别电池安全事故，并通过差异化服务提升收益。在二手车交易、梯次利用或回收前，使得每块电池能在数字化网络中进行精准评估，并在智能化交易平台上以最大价值和效率销售，为买卖双方提供最省心的服务。

昇科能源创始团队成员均毕业于清华大学，都拥有博士学位。创始人褚政宇，本科及博士均就读于清华大学车辆与运载学院。昇科能源的核心技术则源于清华大学车辆与运载学院欧阳明高院士领衔的电池安全实验室。创业团队成于斯、长于斯，真正实现了科技成果的转化与落地。

昇科能源定义了能源动态系统人工智能新范式，并开源了首个面向电池异常检测的深度学习框架 vGRU。可以说，是昇科能源将清华大学车辆与运载学院电池安全实验室 12 年行业积淀融入了深度学习异常检测框架，自主研发了行业首个机理与数据融合的“人工智能 + 算法”引擎，实现了高检出率、低误报率、超早期锂电异常检测和高精度电池寿命估计和预测。迄今为止，公司已为包括壳牌、南方电网、国家电网、BYD、广汽、SK、万向、蜂巢等超过 50 家产业链伙伴提供了深度服务。

公司在 2019 年、2020 年连续获得头部风投机构的数千万元人民币融资，并聚集了一批在电池安全、大数据、人工智能、先进传感器、智慧能源等领域有着丰富经验的优秀人才。在团队协作方面，公司崇尚高效、坦诚的沟通方式，并使用 OKR 进行目标管理，以提供全行业最好的技术平台。此外，公司注重组织成长，致力于打造全新的创新型组织发展模式，以实现每一个员工的个人成长和价值追求。

3.2.2 创业故事

为什么要创业：做风口上的猪

和很多毕业生一样，褚政宇最初也没想清楚自己具体要做什么，也经历过求职找工作的过程。后来他找前辈交流，自己也做了很多思考。他逐渐意识到，作为清华大学的毕业生，如果能够有机会在一个新兴行业做一些颠覆性的事情，对自己而言，将会是一段难以磨灭的历程。

褚政宇回忆道："在跟我的导师欧阳明高多次沟通之后，我们一致认定，新能源行业将面临一个革命性的发展，技术、产业、商业模式都会发生翻天覆地的变革，机会是存在于变革之中的。虽然当时没想清楚具体要干什么，但大的目标和方向基本确定了，决定要出来闯一闯。我们认定这个领域很有机会。"

坚定选择和决断的背后是过硬实力的支撑。褚政宇骄傲地说："在清华大学所有的课题组中，我们这个课题组（清华大学车辆与运载学院电池安全实验室）是创业孵化做得最好的课题组。"

电池安全实验室成立于 2009 年，由中国科学院院士、清华大学车辆与运载学院教授欧阳明高主导筹建，是国内电池安全领域最权威的科研机构之一。

在清华大学车辆与运载学院，大大小小的课题组已经孵化了数个企业，其中登陆科创板的"氢燃料电池第一股"亿华通，就是欧阳明高院士团队培育的新能源科技公司。欧阳明高院士团队在氢能燃料电池领域已经深耕了 20 年，从整车的动力系统到燃料电池系统，再到电堆与工作过程，先后破解了石墨双极板电堆低温启动难题、功率密度难题、耐久性难题，并实现了石墨双极板电堆及其发动机的批量生产。

正是因为师生共创模式已经有了成功的案例，再加上导师的大力支持，以及志同道合的伙伴们的鼎力相助，众多因素加在一起，水到渠成促成了昇科能源的诞生。

昇科能源的项目发展相对顺利，在老师和学生的角色分工问题上，昇科能源团队完全没有分歧。在褚政宇看来："老师工作的重心是教学和科研，尤其在清华大学，这两个任务压力是很大的。在公司管理方面，老师没有那么多的精力。尤其是去做一家技术型公司的商业化，老师就更没有精力了。因此，在师生共创的公司中，学生为主的结构设计显得非常重要。"

很多师生共创的公司在持股比例上往往会产生分歧，但这在昇科能源也完全不是问题。老师通过学校的成果转化会占有一定比例，正像褚政宇介绍的那样："当时欧阳明高院士自己提出了一个特别小的持股比例，小到连我们自己都觉得不好意思，后来跟欧阳明高院士商量了一个合适的持股比例。"

除此之外，欧阳明高院士特别鼓励学生多元化发展。褚政宇感慨地说："欧阳明高院士对课题组同学去做辅导员、去搞创业等非学术活动都非常支持。我们课题组也因此培养出了很多学校、院系的学生骨干，孕育了亿华通、常州易控、科易动力等优秀的创业公司。我觉得，正是这种因材施教式的培养理念，使每一位同学都能够实现多样化的发展。"

与单枪匹马的学生创业相比，师生共创最大的好处就是方向比较确定。褚政宇说："老师的眼光和一些想法会映射在公司的方向上和战略中。但具体到管理和经营，以及在组织和财务方面，老师干预是非常少的，这一方面，我们跟其他创业公司没有太大区别。"

通过这几个项目的实践，他们总结出一套基本的逻辑。

第一是合伙人机制。具体干活的人一定要全职，而且组成人员最好是课题组培养的硕士、博士或博士后。

第二是价值观一致。这是个必不可少的因素，只有价值观一致的人才能长久地走在一起，因为短期利益走在一起的人，关系无法持久。

第三是准确把握产业的方向。在这一点上，欧阳明高院士为项目提供了精准性、前瞻性的指导，比如，当年非常快地从燃油过渡到电转，对汽车行业来说，这是一个非常大的变革。褚政宇在本科时学的是发动机，在参加清华大学“挑战杯”比赛时做的也是发动机项目，完全没有学过电池、新能源知识。彼时行业还处于非常早期的阶段，但是到了他读研究生时，行业发生了剧变。在那种情况下，改变研究方向是需要超越性的勇气和眼光的。

“组织、文化、方向，这三点现在基本形成了一个范式。”褚政宇自信地总结道：“前两点基本上是大家自由选择的结果，对于第三点，导师会给我们提供非常重要的战略指导，因为他是我国最权威的专家，所以我们有问题都会和他交流，包括行业洞察、信息交汇，我们不用找别人。”

如何打造团队：找到最优秀的人

昇科能源的创始团队成员并非都来自汽车专业。负责商务合作的联合创始人孙悦，本科及博士分别就读于清华大学化学工程系及美国得克萨斯州农工大学化工系；联合创始人郭东旭，本科和博士就读于清华大学自动化系。

在相同的志趣下，创始团队的组建可以说是水到渠成。“用了不到两天的时间，我们的团队就搭建好了。”褚政宇介绍道：“我特别喜欢共事的同事所接受的教育背景有交叉，期待大家的思维碰撞，如果创始团队都是学汽车的，就会比较局限。另外比较重要的是，我们的价值观也很一致。”

昇科能源团队成员都是刚毕业的学生，没有工作经历，对于这个团队的背景，当时投资人也有过质疑。一方面，团队要说服投资人，团队内部迭代能力很强；另一方面，为了提升团队的工程能力，他们邀请了行业资深的工程师，以解决工程落地的问题。

术业有专攻。他们也曾经试图强化团队包揽工程的能力。但后来发现，每个人还是要发挥自己的优势，创始团队的优势是在创新和算法等方面，而不是在生产、制造、工程、工艺、质量、测试等方面，这些应该让更擅长的人去实施。

褚政宇说：“我们也还在不断寻找志同道合的人。我特别认同雷军说的一句话：‘创业就是最优秀的一批人干最牛的事，人一定要优秀，优秀到你根本不用去告诉他怎么做，他自己就会做，这是最重要的。’所以我们也一直在找这样的人。”

彼得·蒂尔在《从 0 到 1：开启商业与未来的秘密》这本书中，也讲过他创立网上支付平台 PayPal 的故事。他去麻省理工学院和斯坦福大学寻找团队，首先会问对方是否认同网络支付的理念，是不是自驱的人，够不够优秀。这对褚政宇产生了很深的影响。他说：“如果找到了这样的人，公司初期就会发展得很快。如果很多事情都需要你去督促、去推动，那就会很累，很难成功。因此在早期，我们会快速过滤掉价值观不一致、使命感不强、不自驱的人，一段时间后，剩下的都是我们真正需要的人。”

如何看待新能源的未来：人工智能将大有可为

在2020年全国“两会”上，碳达峰、碳中和被首次写入政府工作报告。2021年4月22日，习近平主席在“领导人气候峰会”讲话中提到，中国将碳达峰、碳中和纳入生态文明建设整体布局。基于此，未来碳达峰、碳中和将成为我国“十四五”乃至更长一段时间污染防治攻坚战的重要目标。

国家关于碳达峰、碳中和目标的确立，给相关行业指明了发展方向，每个善于捕捉机会的企业都在思考各自实现碳达峰和碳中和目标的路径。尤其是对于汽车行业，发展电动汽车是一个必由之路。前些年关于电动汽车发展中不时出现的反对声音渐渐消失了。在褚政宇看来，市场运行的根本逻辑发生了变化。

褚政宇说：“纵观人类能源发展史，我们正处在一个历史的交汇点和转折点，可持续能源时代已经加速到来。依托智能高效、广泛互联、清洁低碳的理念，新一轮的能源革命正发生在能源生产、存储、传输、消费等多个环节，并且从集中式向分布式逐渐转变。”在褚政宇看来：“在这个过程中，人工智能等先进技术将会成为整个人类社会最关注，也最有前景的智能化技术。”

昇科能源作为一家专注于能源人工智能的科技创新型企业，正在以核心技术优势为多个能源场景提供智能化解决方案。褚政宇坚定地说：“我们坚信，在人工智能的赋能下，能源资源配置将更加合理，能源利用效率会大幅提高，主要污染物排放总量也会持续减少。”

目前，昇科能源利用人工智能技术为用户主要提供三种核心价值。

一是智慧运维。利用高实时性的电池智能化数字网络，为新能源车企、充电场站、储能电站等提供可靠的安全监测服务和智慧运维服务，使客户告别电池安全事故，并通过差异化服务提升收益。

二是电池健康检测。在不拆解整车电池包、不改变整车电池控制系统的情况下，通过线上和线下的测试，对动力电池的品质，即电池剩余容量、电池安全性和电池一致性等进行全面、综合的评估。

三是电池交易。通过搭建新型电池回收服务网络平台，为客户提供电池全产业链综合服务，包括退役电池回收及信息溯源、撮合交易、电池快速检测与安全维护、仓储代管等。

正确选择思维模式：从技术优先到用户优先

在技术供给和商业需求之间，有一个鸿沟叫作“达尔文之海”，95% 的技术都会死在达尔文之海中，其主要原因就是技术思维没有转变成商业思维或用户思维。进一步来说就是，技术思维不考虑场景，不考虑用户的需求，只考虑自身优势而目空一切。

“从技术思维方式向商业思维方式的转变，我们用了差不多一年的时间。”褚政宇感慨地总结道：“最开始我们罗列了很多技术，这些技术都是世界一流的。但是，拿这些技术和谁合作呢？虽然拿了行业很牛的奖，但实际上没有为用户创造价值，或者我们还没有把这个价值真正找出来。因此，我们快速迭代，从用户角度思考，去真正挖掘业务场景的价值，给用户带来实实在在的收益。”

“思维方式的转变只是第一步，再往后还要细致打磨。”差不多经过了两三个月的时间，通过与业内人士以及用户的沟通，在细分市场和场景下，昇科能源团队成员变成了最了解底层逻辑的人，最后做出了公司将从事能源人工智能服务的决定。

“其实决策还是存在很多不同的细分逻辑，比如到底是从家属区开始做，还是从工业园区开始做，不同细分场景的营收规模、毛利、打法不尽相同。这些细分的场景很不一样，在前期资源有限的情况下，没办法全面铺开，只能集中打造某一个细分的点，去验证我们的逻辑。”褚政宇总结道：“我觉得这些是之前在学校完全学不到的东西，我们必须不断试错，小步快跑、快速迭代。”

如何应对创业挑战：组织建设要“产品化”

谈到创业中的挑战，褚政宇表示有以下几方面。

第一个挑战是方向选择问题。搞科研的人总想涵盖广泛，喜欢找几个方向同时做，因为他们有足够的时间去思考。但是，创业在资源有限的情况下，还是要集中突破某一个领域，那是一个在边界条件很多的情况下找局部最优解的过程。

第二个挑战是新冠疫情。公司刚成立就遇到疫情，那个时候只能艰难地维持最小运转规模。还好，公司挺过来了。

第三个挑战是组织建设问题。虽然以前在学校做学生工作时，也带过100多人的团队，但是跟现在做企业完全不一样。因为在学校大家都属于志愿者，而做企业就会涉及分配和利益，有时会出现薪资倒挂的问题。所以当时我们很快做出了一个决定，应该招资深的人力资源管理人才来负责这方面的工作。

褚政宇继续说："组织建设是最重要的，对我来说最重要的是三点：一是组织，二是文化，三是产品。其中组织是放在第一位的，包括招人的问题，招不到合适的人很痛苦。我们一直在转变思路。除了做产品本身外，我想把公司也做成一个'产品'，员工就是我的客户。怎么能够提高人效比，怎么把'产品'打磨精细，怎么提高交互，让员工能够具备自驱性，在这里开心工作。'90 后'是完全可以发展出一种新的组织形态的，和'60 后''70 后''80 后'创造的企业组织形态是完全不一样的。"

因此，昇科能源从未停止脚步，一直在向优秀公司不断学习。褚政宇说："一个是字节跳动，字节跳动的企业文化强调自驱和透明。另一个就是华为，华为很有战斗力。有时我们需要自驱性，需要创新，需要公开透明，需要不断交流；有时我们需要打仗。我希望把字节跳动和华为的企业文化糅在一起，这是我早期的想法。"

褚政宇的最终目标是要把公司打造成学习型组织，一个百年组织。在这里，每个人都能自发地实现自我提升，每个人的自我提升加在一起，就是整个组织的提升，进而迸发出巨大的力量。褚政宇坚定地说："这种学习型的企业文化我们将持续发扬下去，随着组织的壮大，我们将发展出更多宝贵的企业文化。我们倡导用户至上、高效坦诚、创新求真、积极乐观、始终创业。"

融合学术思维和产业思维：讲求第一性原理

针对新能源汽车行业经常会有一些报道，比如说以色列某企业宣称：充电 10 分钟，车能跑 1000 公里。褚政宇经常会被人问到类似问题，这到底是不是真的？

对于类似“放卫星”的说法，褚政宇通常会用第一性原理来分析。所谓第一性源理，其要点是打破经验依赖，回归本质思考。用物理学思维拆解的题，从底层逻辑推导答案。褚政宇说：“在学术上，我们一直讲求第一性原理。比如之前大家都觉得激光雷达很贵，你把它拆开看，并通过数 BOM（物料清单），就能够有很清晰的认知。电池也是一样，首先要看它功率有多大，快充时有多大的发热量，其次是做一个非常小的样品。现在到电池产业化还有很长的路要走，不能还没做就说可以。”

之前美国有一个公司宣称自己的产品马上就要量产，而且其能量密度很高、充电很快、寿命很长。好多人也问褚政宇这靠不靠谱。褚政宇的回答很简单：“还是用第一性原理来分析，到底用的什么技术、什么电解质；你说你是固态的，那到底是硫化物，还是聚合物，还是氧化物；正极用的什么，负极用的什么；测试结果拿过来看一下。把它拆开来以后就很容易分析。明明还有很长的路要走，就‘放卫星’了，这主要还是为了公司股价。”

产业思维也是一样的。褚政宇说：“我们不相信任何宣传，只相信自己的判断。做决策的依据还是第一性原理。”

至于学术思维和产业思维的融合，都是把握同样的原理，用同样的思维、方式和逻辑去判断事情。褚政宇进一步总结道："我很注重逻辑思维，这个非常重要。这也是课题组教给我们的。我们在读博期间，老师会给我们很多机会去重要的学术会议上作报告，以锻炼我们的逻辑思维能力。从这一点来看，产业思维也要有逻辑性，做判断不能总是跟风。"

在褚政宇看来，有时自己判断错了，那就自认倒霉。因为已经用第一性原理分析了问题，用逻辑性判断了问题，"如果错了，就说明不该赚这笔钱。因为人只能赚认知内的钱，认知外的钱是赚不到的，所以我也少有怨怼、少有嗔怪。"

3.2.3 投资人点评：用科技创造更大的价值

夏朝阳　杜　鹏　常见投资创始合伙人

我们认为，师生共创有三个特别重要的特点：其一，在最前沿的技术领域，体现出它具有先进性；其二，在最适当的时机，体现出国家对新产业的需求；其三，有学生和老师在一起创业，在未来的中长期，他们将成长为最活跃的力量，并共同使清华大学的创新技术转化成更好的产业应用。

我们还认为，昇科能源的核心团队成员都来自欧阳明高院士领衔的清华大学电池安全实验室。同时，实验室又拥有业内最顶尖的锂电池全生命周期安全、数据、机理模型等全栈自主创新技术，并与新能源汽车全产业链头部企业保持着多年的紧密合作关系。公司创立以来，团队始终秉持用极致的核心技术解决行业最大的痛点问题的初心，不断完善产品和服务体系，致力于用人工智能技术赋能主机厂、运营商、储能站和电池检测站点。

常见投资持续看好昇科能源，并寄予公司用科技创造企业更大的价值！

3.3 超星未来：引领智能驾驶新科技

- 如何抓住市场新机遇？如何选赛道？
- 创企如何聚拢人才？
- 创企如何赢得客户的信任？

3.3.1 项目简介与发展历程

北京超星未来科技有限公司（以下简称超星未来）成立于2019年4月，是由清华大学车辆与运载学院及电子工程系师生共同创立的企业。

超星未来成立的目的是依托清华大学车辆与运载学院和电子工程系的核心技术，采取政、产、学、研合作的方式，围绕高能效计算、智能驾驶技术进行深入研究。超星未来整合了跨院系资源，发动清华大学少壮派和老一代，共同进行技术和产品的研发，并形成了自主知识产权。同时，超星未来还连接国内外市场上下游产业，进一步赋能汽车行业，在带动国内汽车产业链的发展中起到了重要作用。

作为一家刚刚成立两年却被誉为智能驾驶“国家队”的科技公司，超星未来依托清华大学的技术优势，不仅得到了国家课题经费的支持，而且在许多方面取得了可喜的成就。

2019年12月，超星未来凭借强大的技术研发实力，荣获启迪之星“2019 年科技成就奖”。

2020 年 1 月，超星未来与全球领先企业赛灵思公司达成战略合作，共同探索通过人工智能技术推动智能驾驶技术的发展，并在全球范围内加速推广超星未来智能驾驶感控平台解决方案，在主机厂及一级供应商中实现应用落地。至此，超星未来的研究覆盖了计算平台、软件系统、仿真平台及基于单目相机和高精度矢量地图的高精度定位等前沿领域。

2020 年 9 月，超星未来与英恒科技集团旗下的金脉电子签署了战略合作协议，旨在技术方面进行深度合作，研发更可靠的软硬件平台，以推动智能驾驶技术在国内的应用。

2020 年 11 月，超星未来与清华大学深圳国际研究生院成立了联合培养基地，以深度落实产教融合、协同创新，并合作培养智能驾驶产业人才。

2020 年 11 月，在被誉为“计算机视觉顶级会议”的国际计算机视觉与模式识别会议（CVPR）的低功耗视觉竞赛中，超星未来的提案在全球 46 支团队、4 个赛道提交的 378 个解决方案中脱颖而出，紧随麻省理工学院，荣获第三名的好成绩。

2020 年 12 月，经过 BP 海选、创新能力评估、现场路演等环节，超星未来从启迪全球网络的潜力型科技创业公司中脱颖而出，获得“2020 年度启迪之星企业”称号。

2020 年 12 月，凭借智能驾驶车载计算平台，超星未来顺利通过初审、路演评审，成功入选中关村金种子企业。

2019—2020 年这两年间，超星未来针对不同的智能驾驶应用场景规划了 3 个产品线，并进行了两轮产品迭代。截至 2021 年 4 月，超星未来完成了三轮过亿元的融资。

3.3.2 创业故事：超星未来的扬帆之旅

短时间内取得行业傲人业绩的秘密

怀揣着“让智能驾驶更简单”的鸿鹄之志，肩负着攻克“智能驾驶”核心技术的时代重任，超星未来风雨兼程，从未停下努力的脚步。

凭借这份对理想的坚守，超星未来团队步履不停，从成立之初的 5 人到今天已是近 100 人的团队。从学校实验室里的科研专利到获得业界认可的新一代智能驾驶计算平台，从创业之初的埋头研发到如今业内认可的新锐企业，团队成员怀揣梦想，持续创新。

岁月回首，清华大学早在 1978 年就开始进行智能驾驶的研究，其中人工智能方向的学术影响力仅次于美国的卡内基梅隆大学，位列世界第二。多年来，清华大学为全球输送了大量智能驾驶方面的人才。

超星未来之所以引起大家的广泛关注，一方面是因为它在短短两年时间内就取得了非常多重量级的成果，另一方面是因为它是一家能真正代表“国家队”技术水平并能实现“产学研用”闭环的创企。当然，还有一点，这家公司的创始人也来自清华。

超星未来的董事长张剑，是清华大学计算机系人工智能专业的博士。他曾在微软亚洲研究院任职，也曾在一汽启明北京研究院担任过副院长。

张剑感恩清华大学培养了自己，在接到时任清华大学发展规划处处长、学科办主任、清华大学车辆与运载学院创始院长杨殿阁教授做国产汽车品牌邀请的时候，他第一时间回应，回到母校挑起了项目的大梁。无独有偶，后来成为超星未来 CEO 的梁爽也是如此，受邀回到清华大学，加入了项目组。

超星未来的创始人来自清华大学，其技术体系也是由清华大学车辆与运载学院、电子工程系共同孵化出来的，并由两位在学术和产业上都具影响力的先驱泰斗——杨殿阁教授和汪玉教授联手打造。可以说，超星未来是清华人对创新矢志不渝追求的结晶。

除了在技术上的支持，清华大学每年都会举办科技成果发布会，邀请社会各界人士参加，为校内知识成果的转化搭建桥梁。清华大学还专门设立了相关基金，为科技成果产业化进行投资布局。张剑和投资人杨念的相遇就是在清华大学组织的前沿科技成果推介会上。

创业不易。身带“光环”的超星未来之所以能快速成长，离不开清华大学在鼓励知识成果转化方面清晰、规范的制度和流程。一滴水在大海里才不会干涸，同样地，一批科技精英只有在适当的环境和制度下，才能变成世界的创造者。

在创立短短两年时间里，超星未来在汽车行业崭露头角并融资过亿元。这除了得益于清华大学的支持外，还得益于项目找准了赛道。

张剑被誉为“汽车 + 人工智能”的跨界人才。他从事人工智能与汽车电子方向的核心研发和技术团队领导工作将近 20 年，可以说有着非常深厚的积累。在这期间，他注意到中国汽车工业底子薄，没有核心技术，无法充分挖掘汽车这种高价格商品所带来的最大价值，为此他感到非常可惜。

随着科技的发展，整车智能化概念兴起，汽车行业发生了巨大的变化。汽车新产业模块创新多、产品相对独立、不过度依赖大厂，这些特点让人们看到了希望，也预示着国产汽车破局的机会终于出现了。

正如某位教授所言：“如果说过去 20 年最大的创新体现在手机上，那么，未来 30 年最大的创新载体将是智能汽车。”

清华大学信息科学技术学院副院长、电子工程系主任汪玉教授也认为：“对人工智能领域而言，学术和工业并没有本质区别。”

清华人赶在智能汽车元年到来之前就开始布局，并创立了超星未来，以汽车大脑——智能驾驶感控平台为切入点，开创了中国自己的智能汽车时代。

而对智能汽车持有乐观态度的并非只有超星未来及其投资人，还有以华为为首的一众国内外大型企业，它们都将涉足或已经涉足这个行业。这一切，无不说明这一行业群雄并起，竞争激烈。

尽管各个企业各有优势，但智能汽车产业是在传统汽车产业基础上进行交叉、融合、创新的新兴产业，里面涉及的技术内容非常多，任何一家企业都无法独立完成。这就意味着，这个产业里有很多细分的领域需要更专业、更精良的队伍进行技术补充。这为超星未来这类创新型企业提供了发展机会。尽管其现在的规模和体量还很小，但只要把握住核心优势，坚持做好计算平台软硬件协同优化的工作，就足以在行业中获得自己独特的立足之地。

2020 年 11 月，恰逢计算机视觉领域“奥斯卡”——2020 年国际计算机视觉与模式识别会议（CVPR）举办国际竞赛，超星未来荣获 2020 CVPR 低功耗视觉竞赛第三名的好成绩。

张剑对这一赛道的选择还成功地吸引到了投资。在只有产品模型的阶段，超星未来已经引起了投资人的关注。到 2021 年 4 月，超星未来已经完成三轮过亿元的战略融资。

对于创业公司来说，解决资金的问题仅仅是一方面，另一个挑战就是如何聚集优秀人才。智能驾驶领域行情火热，对于技术型人才的争夺比较激烈。幸运的是，超星未来背靠清华大学，有着聚拢人才的先天优势。

这些来自清华大学的学生专业技能优秀，头脑灵活。他们不仅有着良好的学术背景，而且非常注重把科研成果快速转化到公司的产品中，“产学研用”一体化已成为超星未来吸引人才的一大优势。

在超星未来与清华大学深圳国际研究生院共建的研究生联合培养基地揭牌仪式上，该研究生院左剑恶副院长在致辞中说道：“作为科技人才，要‘把论文写在祖国大地上’。学生的培养需要企业的支持与配合，而初创企业则要与学校合作，因为学校是创新思维的发源地。”

除了需要科技人才，企业的发展还需要管理型、商业型等各种类型的人才。超星未来采取了很多措施，营造有利于吸引人才、有利于人才发展的企业氛围。清华大学强大的校友资源在此时发挥了不可替代的重要作用。不论在哪个行业，不论是在创新技术方面，还是在产业上下游生态链里，都有清华校友。他们在协同上有着天然的互信度，这对于创新型“产学研用”公司的快速发展是非常有帮助的。

人才网罗来了，超星未来想方设法留住人才。员工们在超星未来都找到了属于自己的存在价值和角色定位。有一位做规划决策方面研究的博士生，在做毕业论文时搞了一项创新。他在超星未来工作的时候就已经把毕业论文里的研究成果应用在实验 L 速的样车上。当然，整个实验他一个人是无法完成的，是超星未来的工程师配合他进行了全程验证。在博士论文答辩的时候，他一边讲解这个算法如何创新，一边实时同步直播 L 速的样车在首钢园区行驶的实况。为了保证实验的顺利进行，旁边还有路测安全员配合他的演讲和演示。如此开创性的答辩方式惊艳了众人，成为一桩美谈。

超星未来给人才以充分自由去做他们自己想要做的事情，让他们摆脱“打工人”的心态，把企业当作实现自己事业目标的途径和平台。这种方式让超星未来吸引了一大批愿意做事的人才。

以客户为导向，赢得市场

超星未来重视维护与客户的关系。在张剑的眼里，把客户服务好，为客户带来价值，才是企业真正的价值所在。

秉持这一理念，张剑和梁爽经常拜访客户，了解他们的经营状况和发展潜力。如果哪家是非常有潜力、处于上升期、对市场有极大推动作用的客户，超星未来就会立刻启动与其相关产品定制性方案。从客户的角度看，这种服务让超星未来更有价值。因为，超星未来想的是如何让客户更成功，而不仅仅是谈成一项业务。

针对行业内的头部企业，超星未来也会根据相关需求向其提供解决方案，并会立刻把技术需求的变更反馈到项目要求的内部文件上面，充分体现出超星未来对客户的重视。这种服务和重视使客户对超星未来充满了信任和依赖。正如其秉承的“客户优先”理念，超星未来用切实的服务和优质的产品给客户带来了最大的便利。

2021 年，在清华大学 110 周年校庆及清华 x-lab 成立 8 周年的论坛上，投资人杨念动情地说：“4 月份，超星未来刚刚过了 2 周年的生日，我回想了一下，在这两年里，超星未来确实做了很多事情。整个发展比较符合我们当初对它的预期。我也预期在 2021 年下半年会有更多标志性、里程碑式的事件发生。企业在未来两年将进入快速成长期，正好赶上资本非常关注智能驾驶行业的时期，我相信超星未来能够把握住这个机会。无论是技术的打磨还是商业化的落地，都能够有更大、更快地发展。”

投资人杨念对超星未来的期盼，可以说也是对我国在国际智能汽车领域有所建树的期盼。希望超星未来能在清华人的带领下，在国际市场成为行业龙头企业。

3.3.3 投资人点评：清华系企业是站在巨人肩膀上

杨 念 清控天诚资产管理公司副总经理

2019 年 6 月，我在清华大学的科技成果发布会上看到这个项目。那时超星未来刚刚成立不久，正在进行天使轮的融资。当时他们连产品化、商业化的信息都没有，但这家公司仍然吸引了我的注意。

此前，我关注智能驾驶赛道已经有比较长的时间了，对整体解决方案的提供商、智能传感器的供应商都有所了解，但那些都不是我想要的。2019 年，我想要找一个更好的切入点，正好看到了超星未来。超星未来要做智能驾驶的大脑或感控平台，这正是我想要找的切入角度，而且公司的发展方向和我的想法比较契合。

超星未来是清华大学车辆与运载学院和电子工程系联合孵化的创新项目。清华大学车辆与运载学院在我国汽车产业中具有非常大的影响力，而清华大学电子工程系的技术实力也非常雄厚，在国内外都有巨大的影响力。由两位在各自领域都有较大影响力的教授联手打造的团队，在一定程度上也代表了清华大学在智能驾驶领域的实力——被称为国家队的水平。基于此，我非常看好这支团队。

除了拥有学校、院系和老师的支持之外，以张剑、梁爽为首的全职团队也非常出色。他们既拥有汽车产业的相关经验，也有集成电路、智能算法等相关专业的知识，团队的配置体现了智能驾驶多学科交叉所需要的特点。而且，他们不是第一次创业。杨殿阁教授、汪玉教授、张剑前期都有过成功创业的经历。像汪玉教授参与的深鉴科技，在整个清华创业圈里是非常有名的成功案例。这样的团队组合本身就是“金字招牌”，再加上他们正在做一件有意义且技术含量很高的事情，这就非常能够打动投资者了。

清控天诚资产管理公司本身就是在清华控股体系之下，主要围绕学校的科技成果产业化项目进行投资布局。所以公司打心眼儿里喜欢投资清华大学科技成果孵化的项目，认为其具有很多先天的优势。

超星未来虽然是个很年轻的企业，但是它的技术并不是成立之后才有的。项目孵化方积累了 10 年甚至更长时间的技术，再以知识产权的形式转移到企业中来，企业做得更多的是把技术进一步产业化、商业化。这样的操作在很多市场化的创业公司里面是比较独特的，相当于企业成立之前就已经有非常深厚的技术积累了。

企业还拥有强大的技术后援。当公司遇到技术问题时，清华大学的老师和院系的研究力量都会来帮助企业进行技术攻关。反过来，企业也会帮助学校院系进行相关科研成果的转化，在解决问题的同时还能帮助学校培养产业上、技术上的后备人才。清华大学的博士、硕士毕业之后都有可能加入到企业中。在正向飞轮的推动下，这样的企业不仅有助于创新技术的进步和产业的发展，也让投资公司看重和看好在清华大学“产学研用”中涌现出来的优秀公司。

投资超星未来之后，我跟超星未来的团队一直保持着密切的交流和沟通，时不时地了解他们在发展过程中需要哪些帮助，并及时将相关资源对接给他们。我会设身处地从企业需要的角度出发去帮忙，而不会对具体战略或经营方针做过多的干预。

清华大学“产学研用”中涌现出来的企业之所以容易成功，不仅仅是因为清华系的基金很给力，以及清华强大的校友资源很给力，更是因为对创新型的企业来说，不管是哪个行业，在整个创新产业里面、产业上下游生态链里面都有清华校友的身影。校友的协同和天然的互信度，对于创新型公司的迅速发展也有非常大的帮助。

像超星未来这样的创企，从一开始就得到了清华大学、清华控股的支持，清华大学提供了一整套从成果转化到搭建公司架构的方案；清华控股作为重要的股东方，会全程参与和支持企业的发展。可以说清华大学和清华控股对于进行科技成果转化的每一个企业，都倾注了最大的关怀，给予了各种帮助。这也是投资方放心投资这些企业很重要的一个原因。

对于大学的科技成果转化，老师通常会选择自己知根知底的团队，因为其配合度非常高。从投资人的角度来看，一般会非常认可这样的团队配置。因为对于一个企业来说，哪怕其业务发展得再好，如果创始人之间因理念或别的原因导致他们不能一起走得更远，对企业的损失都是巨大的。但是对于学校的这些团队，从大概率上讲，互相的信任度和默契度都是非常高的，这是一个很大的优势。

可以说，清华大学的师生共创模式让学术成果产生了产业效力，实现了商业价值，对科技的进步有比较大的推动作用。

3.4 弘润清源：让 22 亿人摆脱用水危机

- 什么才是有价值的创业项目？
- 学术思维与产业思维如何融合？
- 实验室与市场如何有效对接？

3.4.1 项目简介与发展历程

弘润清源科技有限责任公司（以下简称弘润清源）是一家以先进功能纳米材料赋能多行业场景的科技型企业。其以石墨烯超材料、超快蒸发材料等为主要创新方向，致力于为全球人类净饮水短缺问题、能源短缺和全球变暖问题提供创新解决方案，并以赋能全球人类的美好生活和解决环境危机作为企业的使命和价值导向。弘润清源的核心技术来源于清华大学教授团队数年积累的科技成果转化。弘润清源曾获中关村高新技术企业、北京市知识产权示范单位、联合国 75 周年特别奖、联合国开发署中国青创赛冠军、第十二届“挑战杯”金奖等数 10 项荣誉或奖项，被人民网、新华网等国内多家知名媒体报道，并获得顺为资本、泰有基金、无限基金的天使轮融资。

弘润清源主要开发有源水处理和无源空气取水两大功能产品。在有源不洁水净化方面，弘润清源为家庭用户提供智能 IoT 水健康平台，并针对将海水转化为淡水的需求，提供零排废分布式海淡直饮水解决方案。在无源空气取水方面，弘润清源为需水客户提供便携智能用水服务。

2020 年年底，弘润清源获得顺为资本的青睐，为企业的发展注入了原始动力。紧接着，弘润清源不负众望，顺利推出固定式和便携式智能直饮水机的原理样机，并将正式产品迅速推向市场。

弘润清源 CEO 林腾宇表示，未来弘润清源将继续革新技术，研发并生产出更符合用户需求的二代、三代产品，为实现“让所有人都喝到便宜、高质量的纯净水”这一目标不懈努力。

3.4.2　创业故事

愿景：让技术从实验室走出去，以创造真正的价值

“现在，人类面临很多问题，有能源问题、环境问题，还有水的问题。”清华大学化学系教授、博士生导师曲良体经常这样思考：“面对这些大问题，我能做些什么？如何用自己的技术去解决一些问题呢？”

曲教授意识到，与能源相关的重点问题有两个：一个是电，一个是水。一旦解决了电和水的问题，很多问题就迎刃而解了。而对解决水的问题，他发现，真正的清洁之道在于太阳能的光热转换。特别是以特定材料为媒介，通过调控其表面特性，可以达到更加高效、廉价和清洁的转换效果。这种深刻的、领先的认识让曲教授明确了今后的科研方向。

此后，曲教授的团队围绕功能材料制备、先进能源器件、激光微纳制造等方面开展研究，于 2009 年研制出单分散石墨烯宏量的制备技术并取得该技术的专利，完成了早期的成果积累。曲教授个人也在 *Science*、*Nature Nanotechnology*、*Advanced Materials* 等国际重要期刊发表 SCI 论文 200 多篇，被引用万余次，单篇论文最高被引用 2500 余次。他在这一领域做了很多无可比拟的原创性工作。

从 2015 年开始，曲教授基于前期积淀的技术，开始着手尝试针对某一特定场景的材料开发。

最开始，曲教授并没有进行技术转化或创业的想法。他说："当时我没有想那么多，只想发展一个新的方法和技术来解决现实中的难题。"然而，随着研究的深入，曲教授也慢慢意识到，只有将技术转化成真正的生产力，才能解决现实问题。

尤其是在技术成果被报道出去以后，很多企业询问曲教授能不能把这个技术转让给他们用。这更让他确信，自己正在做的事情是有产业需求的。

企业关心的是这项技术能否马上投入生产。然而现实情况是，因为缺少相关研发背景，所以许多企业的技术人员很难驾驭实验室阶段的创新性技术。并且，实验室的科研成果要想真正转化为生产力，还需要一个不断打磨和改进的过程。这个过程比较漫长且不可或缺，需要专业人员的加入，需要花费大量的时间和精力。

曲教授意识到必须有一个非常有创新性的队伍来做这件事情。自主创业更需要一个强有力的团队和领导者。他觉得当时的条件还不是很成熟，直到林腾宇出现，事情才发生了转机。

萌芽：生命中没有偶然，信念是最好的指路明灯

在博士学习的第三年，22 岁的林腾宇决定休学创业。这个在旁人看来有点冒失的决定，对林腾宇来说并不是突发奇想。

早在上大学时，林腾宇就表现得与众不同。别的同学在课后打游戏放松时，林腾宇却把自己埋在书堆里。他感慨道："我有点理想主义，有点小文艺，喜欢看文学类和哲学类的书。一个人的时候，我经常思考人生。与其追求稳定的成绩、过按部就班的人生，我更想知道自己 15 年或 30 年后会在哪里，做出了怎样的事业，为社会创造了哪些价值。"

在北京理工大学读书期间，林腾宇就开始琢磨一些"不务正业的事情"。他经常会捕捉一些新点子，然后一个人去尝试创业，像线上零售、教育赛道的创业。在创业的过程中，林腾宇也慢慢意识到，要创造价值必须研究一些有壁垒、有核心竞争力的东西，而符合自己当下学生身份的就是技术开发。

大三时，常规的课业学习让林腾宇觉得单调乏味，他想做真正的科研。当时，曲教授正任北京理工大学化学学院院长一职，科研能力更是数一数二的。林腾宇觉得合作人要选就选最好的，就直接去找曲教授。就这样，林腾宇获得了进入曲教授研究组工作的机会，并开始跟着曲教授做石墨烯材料相关的课题研究。

后来由于工作调动，曲教授去了清华大学机械系。巧合的是，林腾宇在本科毕业前夕也获得了去清华大学直博的机会，正式加入了曲教授的机械系团队。功夫不负有心人，有共同梦想的人是不会

走散的。

加入曲教授的团队后，林腾宇选定光热界面净水这个课题继续深耕。通过近两年时间的不懈耕耘，团队自主研发出了一套全产业链闭环的革命性新型净水技术，在材料和系统方面都有较大创新，并在国际材料学顶级期刊上发表了多篇论文。

在实验室之外，林腾宇也没闲着。他瞒着导师继续尝试创业，而且还是以联合创始人的身份。在此期间，他学到很多东西，包括怎么把场景落地、怎么做产品、怎么做商业计划书，以及怎么跟投资人打交道等。这些尝试让他开始有了创业的感觉和想法。

伴随着课题组产业化项目的不断推进和迭代，林腾宇突然觉得自己手里的课题，包括曲教授团队里纳米科学的课题，具有良好的应用价值和发展前景。研发的技术水平已经达到产业化的临界点。这也是学术与产业融合一个绝好契机。2019 年 12 月，林腾宇与导师和团队进行了反复沟通后，一起做出了将技术进行商业化的决定，让技术成果走出实验室，真正惠及社会。

关于团队的建设，曲教授在深思熟虑后，决定任命林腾宇为弘润清源的 CEO，扛起创业大旗，而自己作为首席科学家，退居二线，当一个护航者。曲教授回忆说："第一次见到腾宇，他就跟我讨论了很多与课题相关的事。他看问题比较全面，能够形成系统化的思维，把目前要做的事情和将来能够对应的场景都关联上了。"

从最开始的基础研发，到现在形成系统的科技成果，曲教授和团队共同奋斗了十多年。现在，这个团队的科研成果交到了林腾宇手上。曲教授坚定而欣慰地说："没有太多纠结，就是希望我们的科研成果能产生实实在在的价值，我们要做有价值的事。师生共创这种方式，能保证我们对原始创新技术进行更深入的开发，以便更好地把握技术的本质。"

蝶变：在疫情中接受洗礼，发现生机

然而，生活中的"黑天鹅"无处不在。团队刚刚决定创业，就赶上了新冠疫情，可以说，这是对整个团队的第一次大考。工厂停工，学校停课，实验室进不去，科研被迫中断。对于以技术为主导的创业团队来说，科研没有进展就等于倒退。但林腾宇表现出了非同常人的心态与素质，不慌不忙，异常冷静。

林腾宇说："疫情是一个催化剂，客观上给了我们一段相对富裕的时间，可以去认真考虑创业的方向，思考如何推进。"在新冠疫情早期，林腾宇预感到停学将成常态。他立即与导师沟通，并且提出了一个堪称惊世骇俗的想法：在家组建实验基地。

在多方论证了在家组建实验基地，进行太阳能海水淡化净水设备研制的可行性后，林腾宇开始了从 0 到 1 的建设和推进工作。他用一个月左右的时间，在室内搭建了能够制备宏量材料的实验环境，又在户外建立了露天工程测试场地。

就这样，弘润清源的团队在林腾宇家中进行了样机测试。通过千余次的技术迭代和实验测试，他们最终利用极低能耗效率净化出了纯净水。林腾宇回忆说："当看到水质测试仪和电耗表的数据时，我们感到了莫大的喜悦和鼓舞，以及实实在在的幸福感。"值得一

提的是，凭借这项技术，团队在 2020 大学创业世界杯全球总决赛中，荣获联合国授予的“联合国 75 周年特别奖”。此奖是表彰该团队自主研发的新型石墨烯界面热净水技术，为解决饮水安全问题，实现联合国可持续发展日标作出的突出贡献。

2020 年 6 月，经过一年发展的弘润清源正式成为清华 x-lab 在培团队。在谈到弘润清源的核心竞争力时，林腾宇自信地表示：“在技术方面，我们是有绝对优势的。我们自研量产的石墨烯界面热蒸馏技术领先国际 3 ～ 5 年，这让我们的产品具备远超普通蒸馏设备 10 倍的产品性能。在市场方面，我们主要有两方面布局：一方面是为全球最缺水地区的居民解决刚需用水难题；另一方面是给生活水处理提质。我们坚信，在技术层面和产品细分层面，我们有能力填补空白，并且仅需要两三年时间，就可以建立起行业壁垒。”

为了专心创业，博三这年，林腾宇决定休学。他淡定地说：“我觉得休学创业只是一个形式，创业与学术研究相辅相成。当然这两者会有矛盾、会有冲突，但大方向是一致的。休学给了我更充裕的时间，我打算休学 3 年整，把时间拉到最满。”

征途：容易走的是下坡路，既然选择创业就要迎难而上

公司成立后，林腾宇感到责任重大，团队搭建、股权设计、商业模式探索，每一步都涉及重大决策。其中，招人是林腾宇面临的一大难题。

林腾宇不无感慨地回忆说：“前一阵子社招，计划招一些技术、产品研发以及市场推广的人员，希望他们能陪我们一直走下去，3

年、5 年或更久。我们花了很多时间、精力，从几百位候选人中筛选出来两三个人。但最终还是因为缺乏了解和信任，他们刚进来两周就跑掉了。”

其实，合适的人永远难找，这个定律对于初创公司尤其适用。能看透未来、坚持初心、拥抱“不确定”的人永远稀缺。

目前，团队比较稳定，留下的核心成员要么是林腾宇北京理工大学或清华大学的同学，要么是曲教授的旧交，他们有共同的核心价值观，愿意一起做事。譬如，CTO 廖启华就是曲教授的学生，现在是联合创始人。

谈到目前的团队架构，林腾宇坦言：“有优势，也有明显的不足。老师和学生的社会经验是短板，我们需要一些从产业上过来的、有丰富经验的人。往团队里补充合伙人和股东，又需要逐渐被接受和认可的过程。但这又产生了新的问题，人的利益和需求是复杂和多元的，团队不断壮大也会导致沟通成本增大。这也是师生共创这种模式不得不面对的新课题。”

除了团队建设，初创公司还面临着另一大严重问题——资金问题。

在第一轮融资之前，林腾宇自己投了 30 万元，内部也筹集过一些资金。30 万元对于一个学生来说不是小数目，而且机会成本也很大。林腾宇坚定地说：“我愿意付出这些成本去尝试成功的可能性。”

为了争取第一轮融资，林腾宇跑了三四十家投资公司。用林腾宇的话说，这三四十家公司千奇百怪，什么样的都有，有的上会很慢，有的上会很快但投资条件极为苛刻。迟迟拿不到投资，就得烧自己的钱，或拖欠员工工资。同时，研发处处需要钱……这些实际问题和处处碰壁着实让林腾宇很是难受。幸好后来碰到了顺为资本，2020 年年底，团队获得了来自顺为资本的第一笔投资。

虽然首轮融资成功了，但是林腾宇并没有松懈，他说："不当家不知柴米贵，每天都在烧钱，所以需要快速推进项目。"苍天不负有心人，2020 年年底，弘润清源的固定式和便携式智能直饮水机均有原理样机落地，样机性能验证结果很好。很快，团队将第一代产品推向了市场。

然而，林腾宇对市场与未来的期许不止于此，他认为，不能将科研成果简单地推向市场。他说："我们需要提升融资能力，并持续研发。同时，我们要根据市场的真实需求，推进产品的迭代和更新，更好地满足用户安全用水的需求。"

虽然当时公司成立只有短短一年时间，但其实弘润清源为此已经准备了数年。林腾宇回忆说："让所有人都喝到便宜、高质量的纯净水，让人们生活得更健康、更幸福、更有尊严，是我们的初心和梦想。"

林腾宇感叹道："作为一名还在读博士的创业者，我非常感谢在创业过程中，来自学校，尤其是来自清华 x-lab 的帮助和资金支持。在清华这个大圈子里进行师生共创，我觉得踏实，而且更有信心了。特别荣幸的是能跟随曲教授一同研发课题，攻克难题。我觉得在老师身上能够学到三件事：做人、做事、做学问，这让我受益终身。"

创业者说：林腾宇的技术创业方法论

没有人天生就会创业，但创业知识和感觉是可以培养的。我们需要多去尝试，不断颠覆对自己的认知。

技术只是工具，不与生活中的应用场景相结合就等于零。创业者需要从生活中产生灵感和发现需求，并用技术去解决现实问题，以提高人类的生活水平。

技术的革新和产品的成熟都需要一个过程。产品投放市场不等于创业故事的完结，而是另一个故事的开始。我们需要不断进行技术和产品的迭代，自我超越，把创业推向极致。

3.4.3 投资人点评：愿景、技术、人才，一个都不能少

许卓群　顺为资本投资经理

弘润清源是一个非常典型的科技型创业公司，在很多方面，让我们看到了一家优秀创业公司所应有的特质。

伟大的企业往往是由价值驱动的。除了经济效益外，企业更应该思考自身的社会价值。弘润清源以科技改变生活为原则，把解决人类的用水问题作为创业的愿景，体现了科技企业的社会责任感和时代使命感。这是少有的，也是值得市场与大众期待的。其优势还不仅于此，有了价值的引领和高度认可企业价值观的员工，团队将产生强大的凝聚力和创新的原动力。

在技术方面，弘润清源拥有多年的技术积累，在新型石墨烯技

术方面有领先世界的优势，这种技术壁垒是团队的“擎天白玉柱，架海紫金梁”。然而，对于科技创业而言，只有技术创新是不够的，能够找到市场应用场景才是硬道理。幸运的是，弘润清源已经推出了第一代净水设备，并且获得了市场的认可。相信通过技术的不断更新和产品的迭代升级，弘润清源的市场定位会更加精准，行业优势会更加显著。

“人和”是创业成功的基本保障。弘润清源通过师生共创的形式，将曲教授丰富的学术科研成果和林腾宇敏锐的商业嗅觉完美结合，有效推进了项目的实施。此外，一群被使命感召的合伙人，在没有物质回报、股权尚不清晰时不离不弃，让这支团队更加稳固，所向披靡。

创业是一段宝贵的经历，也是一个人自我完善和自我认知的过程。非常幸运的是，顺为资本能够参与这个过程，并见证一家优秀企业的诞生与成长。

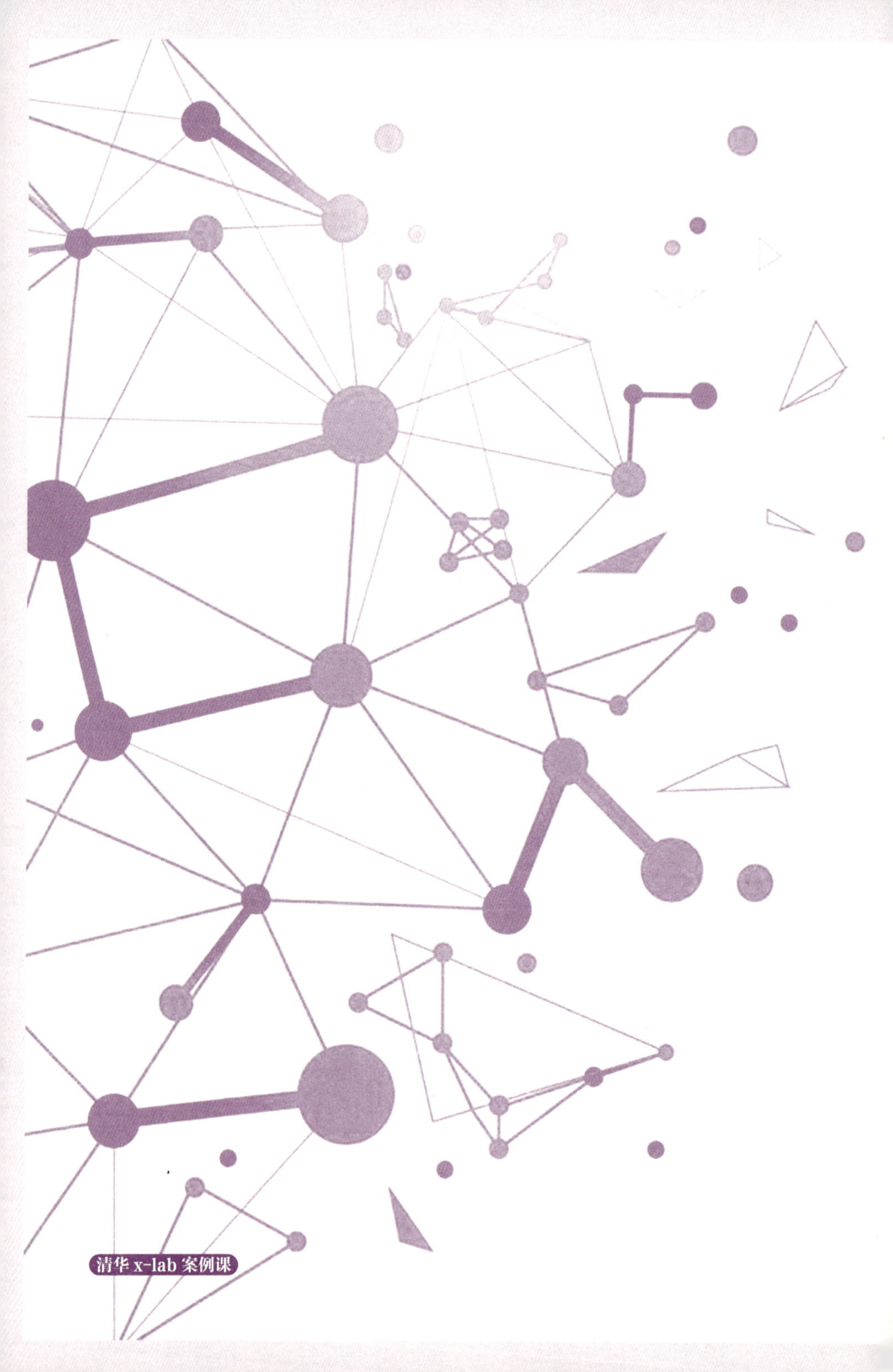
清华 x-lab 案例课

第 4 章

新一代信息技术下的师生共创

- 新一代信息技术产业简介
- 每刻深思：声音交互的领跑者
- 优镓科技：芯片行业的创业之道
- 与光科技：让光谱感知无处不在

4.1　新一代信息技术产业简介

《国务院关于加快培育和发展战略性新兴产业的决定》（国发〔2010〕32号）中列出了七大战略性新兴产业体系，其中包括新一代信息技术产业。关于发展新一代信息技术产业的主要内容是："加快建设宽带、泛在、融合、安全的信息网络基础设施，推动新一代移动通信、下一代互联网核心设备和智能终端的研发及产业化，加快推进三网融合，促进物联网、云计算的研发和示范应用。着力发展集成电路、新型显示、高端软件、高端服务器等核心基础产业。提升软件服务、网络增值服务等信息服务能力，加快重要基础设施智能化改造。大力发展数字虚拟等技术，促进文化创意产业发展。"

在国家"十二五"发展规划中，明确了战略性新兴产业是国家未来重点扶持的对象，信息技术产业被确立为七大战略性新兴产业之一，将被重点推进。新一代信息技术主要包括六个方面，分别是高性能集成电路、物联网、三网融合、新型平板显示、新一代通信网络和以云计算为代表的高端软件。新一代信息技术构成示意图，如图4.1所示。

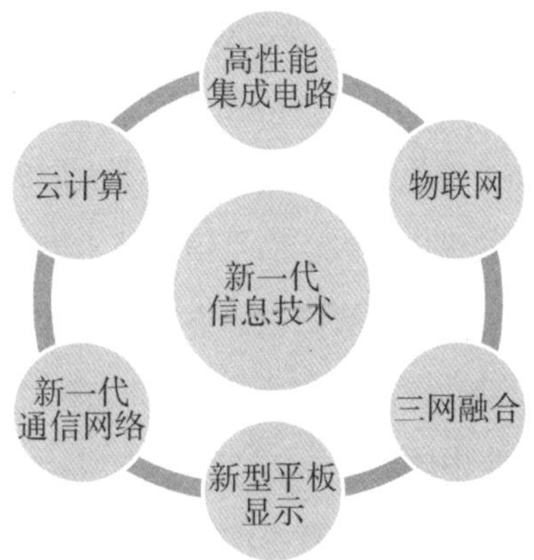

图 4.1 新一代信息技术构成示意图

新一代信息技术产业涉及的行业广泛，包括上游的半导体和通信器件、中游的通信网络和网规网优，以及下游的工业互联网与云计算、大数据服务、人工智能等行业，其应用横跨国民经济中的农业、工业和服务业等三大产业。“十三五”期间，其产业规模和龙头企业数量已位居战略性新兴产业之首。新一代信息技术产业链构成示意图，如图 4.2 所示。

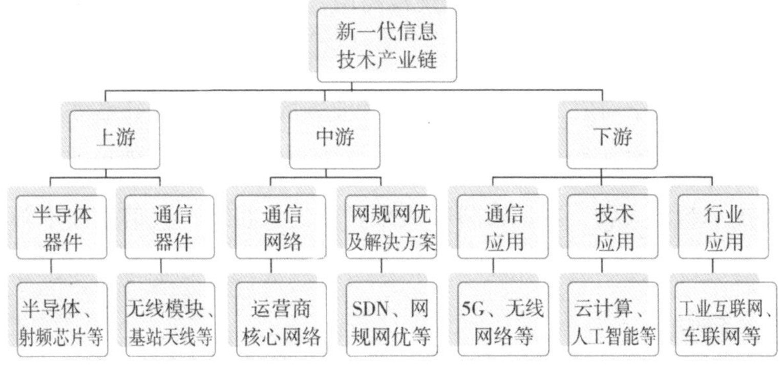

图 4.2 新一代信息技术产业链构成示意图

中国工程院院士李国杰认为，对于新一代信息技术，“新”在于网络互联的移动化和泛在化、信息处理的集中化和大数据化、信息服务的智能化和个性化。新一代信息技术发展的热点，不是信息领域各个分支技术的纵向升级，而是信息技术横向融合到制造、金融等其他行业，信息技术研究的主要方向将从产品技术转向服务技术。以信息化和工业化深度融合为主要目标的“互联网+”是新一代信息技术的一个集中体现。

近年来，随着新一代信息技术产业对我国经济引领带动作用日益增强，其产品和服务为国民经济各行各业转型升级，实现高质量发展提供了强大的新动能。而信息化本身也已经内化为企业生产经营过程中不可或缺的内在核心生产要素。我国积极推进工业化和信息化“两化”融合，从而进一步促进数字经济和实体经济两种经济形态融合。5G、芯片、云计算、人工智能、无人驾驶、工业互联网和车联网等，这些眼下备受瞩目的产业新应用、新潮流，都离不开新一代信息技术的赋能。新一代信息技术是“牛鼻子”，牵一发而动全身。特别是随着 5G 的大规模商用，将会带来产业发展格局的颠覆性变革。

清华大学对应新一代信息技术产业领域，拥有电子工程系、自动化系、软件工程学院等工科院系。这些院系拥有大量相关领域的技术领军人物，也通过科技成果转化出大量新一代信息技术领域的项目。清华大学在新一代信息技术产业的主要学科分布，如图 4.3 所示。

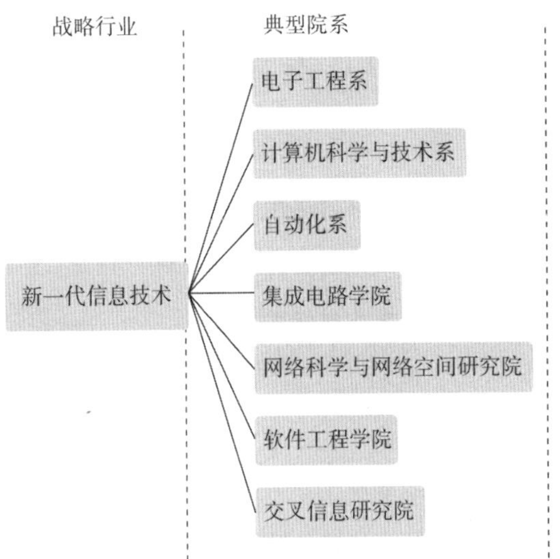

图 4.3 清华大学在新一代信息技术产业的主要学科分布

4.2　每刻深思：声音交互的领跑者

- 国际顶尖科研团队如何搭配“行业老兵”？
- 初来乍到，哪个才是创企的目标市场？
- 什么是成功的师生共创模式？

4.2.1　创业项目

人工智能技术的发展日新月异，基于人工智能技术的产品已经广泛应用到了各个领域。然而，受计算量和计算效率的限制，目前尚无完善的解决方案能够在传感网节点、智能手环等设备上部署智能听觉感知系统。基于此，每刻深思采用模拟信息转换技术破解了这个能量效率瓶颈，并利用模拟计算的高能效特性，降低了持续智能听觉感知计算系统的能耗，使设备在低能耗状态下依旧能够通过语音/触动等多种方式唤醒。

每刻深思是一家致力于解决小型电池供电设备功耗和续航问题的芯片公司。核心团队成员来自清华大学电子工程系，团队由国际顶尖科研团队搭配“行业老兵”构成，互信互补与具有20余年芯片设计及研发经验是该团队最大的特点。团队目前已获得千万级融资，其产品也得到了市场的认可，客户主要分布在北京、深圳及长三角地区。

公司致力于解决人机交互问题，其突出成果包括解决了语音交互的语音唤醒功耗受限、电池受限等重要问题，完成了传感和计算融合的听觉感知超低功耗计算集成电路的设计，并将部分人工智能的听觉感知算法和传感器紧密融合，达到智能的、小型化的、低功耗的产品服务效果。公司产品 Always-ON 的语音唤醒芯片以及相应的解决方案，属于超低功耗近传感人工智能芯片，具有比传统方案两到三个数量级的功效提升，并赋予传感器智能化的能力。除此之外，团队还希望通过日常化个人便捷语音的倾听功能，让关怀无时无刻不在。

4.2.2 创业故事

创业初心：将科研成果产业化

如何将技术和市场需求有效地结合，一直是团队联合创始人邹天琦关注的焦点问题。他自己总结道："我的教育背景跨度较大，本科在德国卡尔斯鲁厄的理工学院完成；硕士师从清华大学电子工程系电路与系统研究所副教授乔飞老师；曾在北卡罗来纳州立大学夏洛特分校当过访问学者；在欧美和中国实验室也都待过。通过在多地科研探索的过程，我发现语音交互是未来发展的必然趋势。"

邹天琦敏锐地意识到，从 20 世纪五六十年代发明的大型计算机到 21 世纪初的人机交互，再到现在掌上触屏，语音交互的方式越来越自然、舒适和智能。但是，在日常交互过程中仍然存在一个问题——人首先需要唤醒机器，而机器只有保持常开的状态才能感受到外界的唤醒。在这种情况下，小型化穿戴式设备往往受到电池容量小和耗能快的限制，而无法实现产品的突破。他说：“基于这一点，我一直在想如何更好地去解决这个问题。在硕士阶段，我也一直在研究这方面的问题。”

在硕士期间，邹天琦经过漫长的观察和深入的思考，将结合点锁定在声学和视觉等多模态感知领域。他跑遍了德国、美国和中国的全球顶尖实验室。他认为，清华大学的智能感知集成电路实验室的技术是世界领先的，并且和乔飞老师的合作一拍即合。他回忆说：“我发现乔老师不仅有创业激情，而且在这个领域做得非常出色，他在学术上理论基础深厚，在产品行业经验丰富。”乔飞老师是一位研究实用技术的科学家，他非常希望能够将自己的科研成果应用到产业当中，以造福社会。2016 年，两人建立了联系，并从 2019 年开始进入深度合作。

邹天琦回忆道：“我跟乔飞老师一拍即合，即看看这些问题能不能通过前期的技术积累去解决。从 2019 年开始，我们一起将项目慢慢往前推进。每刻深思公司于 2020 年 4 月成立。公司希望通过商业化的运作模式，更好地让前期技术积累发挥作用，让拥有耳机、手表穿戴式设备的用户体验得到质的飞跃。这也是我们创业的初衷。”

在合作过程中，邹天琦又结识了实验室的刘哲宇博士。刘哲宇不仅有扎实的技术积累，并且对整个产品和技术在应用领域中的理解也与团队的理念不谋而合。同时，在他的身上还有着一种创业者的勇气和激情。因为有了理想，刘哲宇放弃了海外优渥的生活和进一步深造的机会，共同参与组建了每刻深思的创业团队。至此，神龙召唤完毕的 3 人开始共同奋战。

初遇挫折：最难的是走出第一步

邹天琦说："我觉得从产品形态的定义、技术路线的定义，再到产品推广的过程中，最难的是开始。做一个怎样的产品，它的市场定位和竞争优势是什么，是需要我们确定的。在刚开始的时候，团队不了解如何去定义产品，也不懂得如何去跑市场，大家只有通过不断的头脑风暴，更新迭代最初的想法。我们认为，如果只做单独的小点，就很容易被别人吃掉。解决的问题越大，越容易站住脚。但解决的问题太大，我们的能力还有所欠缺。在进行了多轮尝试之后，我们才把握了一个较好的尺度，这显得尤为重要。"

团队在创业初期不厌其烦地做了多次尝试之后，最终才确定了目标客户群体。

经过初步调研，团队认为物流外卖送货的群体非常庞大，如果这个群体能通过语音交互的方式去进行与收货人、用户的对话抢单，效率可能会更高，而且还可以解放双眼，保障了骑手的骑行安全。

为了验证这个想法并获得第一手的用户体验资料，作为负责人的邹天琦亲自下了场。在需求调研阶段，他装扮成外卖小哥，花 50 元钱买了一个外卖箱，还特意申请成为美团外卖骑手，在寒冬送起了外卖。

接到的第一单至今仍然使他难以忘怀，目的地是北京大学。由于电动车不能进入校园且路线不熟，结果迟到了。第二单是送至清华大学校内，他本以为是自己的学校，一切尽在掌握中，但没想到更加波折。学校的保安打开了外卖箱，认定他是送外卖的，坚决不让他从东南门入校。而屋漏偏逢连夜雨，因为气温过低手机自动关机。最后，餐是送到了，却因为延时确认，反而被扣了钱。

通过送外卖的体验，邹天琦深入了解到用户需求与产品研发的结合点，认识到在送餐场景下，提高用户的工作效率和使用安全性至关重要。同时他也了解到，需要确定真正的市场方和买单方。他发现外卖小哥的购买力有限，购买产品的意愿不够强烈。因此，这个市场并不是现阶段他们应该考虑的。之后，他们开始探索其他的市场方向。

通过反复考察与推敲，邹天琦最终明白，应当从客户那里寻找最真实的答案。他说："我们改变战略战术，每天想尽各种办法拜访客户，从用户端了解到了大量的市场信息。"在与客户聊天的过程中，邹天琦也感受到许多压力。当然，不被理解、不被认可更是家常便饭。幸好，清华的创业者都有良好的抗压能力。

"在之前的经历中，我也承受过许多的心理压力。在德国上学期间，和外国人一起打篮球，一开始自己根本不被待见。但是，我不急不恼，在训练过程中尽量多传球、投球，慢慢地大家也就接受了我。"邹天琦把这种坚韧精神在团队成员中进行了传承与发扬。

大家始终相信，虽然在创业过程中会遇到各种各样的困难，但只要有健康的身体和强大的抗压能力，一切问题最终都会找到答案。经过有效的市场信息收集，团队学会了为自己的产品方向做减法，以唤醒服务为切入点慢慢发展，做更多、更丰富的产品，并最终把产品方向定义清楚了。当然，在摸索的过程中，挫折是不可避免的。

邹天琦说："最后的关键还是如何去跟人沟通，并获得买方的认可，这是最根本、最原始的问题。在这个目标的引导下，即使遇到一些不太友好的人，我们还是会保持微笑，乐观礼貌，并与他们保持良好的交流。让产品更好，让体验更好，我们真正做到了像蚂蚁一样地爬，甚至钻到土里，并坦诚地告诉客户：我们有什么，我们能为你们做什么，我们提供服务的方式是什么！"

疫情中的机会：团队齐心协力

经过 2019 年的前期市场调研和产品开发，团队对于 2020 年的发展方向已经有了比较清晰的认识。然而，正当他们准备大展拳脚之际，新冠疫情暴发了。

疫情对于各行各业都产生了巨大冲击，也成为每刻深思在创业过程中遇到的最大挑战。2020 年 1 月底，邹天琦回到武汉过年，本来准备过完年开始大干一场，但疫情使他们不得不急刹车，暂时停下了手中的一切工作。

邹天琦回忆道："有一天起床后我发现出不去了，连楼都封闭了，只能待在武汉。"在调整了一两周之后，团队开始进行远程办公。在北京的乔老师将材料快递到团队成员各自的家中，小伙伴们就在家里进行项目测试。这种状况一直持续到 2020 年 4 月中旬。大家在北京聚齐之后，团队就像上了高速公路，研发进程大幅度加快，项目也随之推进了一大步。

在那段时间里，团队不断和客户交流。并通过市场充分论证，重建了之前的一些定义，逐步打磨产品的形态。“这就像一个雕塑的加工过程，雕塑的核心就是去掉你不要的东西，剩下才是完美的形态；雕塑不做加法，只做减法。当你真正把多余之物都去掉的时候，那就是一件精美的雕塑。”邹天琦表示，在产品开发的过程中，团队不断地积累经验，逐步深入地确定了目标。

未来可期：征途是星辰大海

为了更好地满足市场需求，邹天琦团队提出：“我们一定要以市场需求为导向去开发产品，而不要局限于自己已有的技术背景去定义产品。”团队通过前期对市场的调研后发现，目前国内对于超低功耗语音唤醒问题，并没有特别好的解决方案。然而，市场的客观需求是存在的。

“我们的目标是在保证精度的条件下，能得到非常非常低的功耗。唤醒芯片续航时间要够长、尺寸够小、成本够低，并且要有非常好的议价空间。”邹天琦团队总结道，这样的一些特性，让公司的产品在市场上具有极大的竞争优势。

邹天琦说：“在当下这个巨大的市场上，海外芯片企业、中国各地政府、半导体行业领头羊和民间机构都在努力加速填补各种市场的空缺。2021 年 10 月，公司的产品推向了市场，但未来的路还很长。”

师生共创：亦师亦友的创业模式

师生共创是一种新型有效的硬科技创业模式，它去除了许多传统硬科技创业的弊端，又能够进一步发展、巩固自身优势。在硬科技创业过程中，如果仅靠学生一方，就会受到资源的制约。学生单独创办的硬科技企业在发展到一定阶段以后，就会出现明显的瓶颈期，而师生共创模式可以很好地解决这个问题。简单来说，师生共创本质上是构建了一种新型的生产关系，它大大促进了科技成果转化的成功率，从而提升了生产力，帮助企业实现质的飞跃。

在谈及如何看待学生的学术研究和创业之间的平衡问题时，乔飞老师言简意赅地表达了自己的观点："在我的课题组科研工作中，我对同学们的要求：第一是要'顶天'，学术上要发表最好的文章；第二是要'立地'，光顶天还不行，必须把你的工作在实验室里展示出来，必须要做一个样品（DEMO），必须完成特定功能的演示。"

在创业过程中，邹天琦担任了CEO的职责，乔飞老师则担任首席科学家和"鼓励师"的角色。乔飞老师认为："我作为首席科学家，应承担相应技术方面的责任。创业这件事情，对我个人来讲也是新生事物，实际上有很多事情自己也不熟悉，我的考虑不一定是对的。在这个过程中，我希望听到他们的反对意见，就事论事，大家一起将这个产品做到最好。在整个过程中，更多的是大家在相互信任的基础上，相互扶持一起往前走，去试错，共同解决问题。"

至于"鼓励师"的角色，乔老师认为，在创业过程中会遇到许许多多困难，还有困扰和纠结。因为自己的阅历相比团队成员更为丰富，这时就会起到两个作用：一个是"鼓"，鼓舞他们说这个困难不算什么，一定能克服；另外一个是"励"，要劝诫、勉励团队的成员。在整个过程中，邹天琦跟乔老师之间逐渐从师生变成了亦师亦友的关系。邹天琦形容和乔老师的关系就像“老铁”一样。两个人各司其职，又相互监督，彼此帮助。

在很多情况下，老师作为技术的拥有者，会把经过多年积累的技术拿出来让学生去创业，以实现技术的商业化。其实，老师心情也是比较复杂的，很多老师在这种师生共创的关系中，自然而然地就会去管很多事情，而且会理所当然地认为，作为技术的发明人，理应在团队里占有更多的股权。但是，乔飞老师却认为，老师愿意把自己的技术拿出来，其实是希望形成“研究使金钱变知识，转化使知识变金钱”这样一个循环过程。只有这样，才能更好地促进个人、团队的研究，甚至是促进社会的发展，这也是技术本身的使命。

对于涉及核心利益的公司股权分配问题，乔飞老师谦逊而诚恳地说：“谈钱不会伤害感情，只要你愿意去做，那就大胆地谈出你的想法和需求。每个人都有自己的优点，但也有弱点。面对分歧，我们要开诚布公地去谈，保持真诚，保持勇气，敞开心扉，并相互协商，才能一起携手排除万难。在创业过程中要尽量保持愉悦，不能一切向钱看。大家要享受一起协作朝着一个共同目标奔跑的过程。”

同心同德的师生共创模式之所以越来越被人重视，正是实践一次次检验的结果。邹天琦说：“在师生共创模式中，双方都发挥出各自的优势，弥补对方的短板。老师提供先进的技术，学生去实践，在目标明确后，可以把战斗力发挥到最大。在师生共创模式中，每个人都学会了去转变自己的角色和心态，因为大家有一个共同的目标。我也特别希望能有更多师生共创的团队涌现出来。”

外界助力：从“孵化”到自由奔跑

高校、企业、政府以及科技园，这四个要素在创业过程中都是不可或缺的，它们的作用可能会在企业成长的不同阶段体现出来。很多技术开始都是源自高校，有了技术之后自然就会想到如何去实现商业化。但在这个过程中，仅凭单枪匹马是远远不够的。

“清华 x-lab 在这个过程中，为我们提供了非常大的支持。”在谈到清华 x-lab 时，邹天琦十分感激。他回忆起在创业起步阶段，清华 x-lab 为他们提供了办公场地，以及各类讲座、培训等一系列丰富的资源。“内部的老师们都和我有很多沟通，给予了我许多的指导。在刚开始的时候，我们都不懂产品的用户画像、技术路线等一系列与市场相关的问题，在清华 x-lab 的培育过程中，逐步捋顺了想法和产品的发展路线。”邹天琦认为，在接下来的过程当中，公司与清华 x-lab 肯定会有更多直接的合作。

除了清华 x-lab 之外，地方政府也给予了团队很大的支持，加速了团队的进展。地方政府对创新创业项目，包括对创业企业的扶持都非常有力。各地都在积极地吸引我们过去，为我们提供了相应的发展资源。乔飞老师认为：“对这些支持要怀有一颗感恩的心，合作方在我们最困难的时候伸手帮了一把，以后我们有机会、有能力了，也要从多个方面去反馈反哺。”

至于同其他企业的合作，乔飞老师认为：“我们现在的规模比较小，希望能够与大企业进行一些更长远的战略合作，希望有更多的对我们的技术有需求的企业和资本融入。因为这些企业可能会提出更明确的设计需求，在融入它们的产业体系后，我们的设计就会更快速、更顺利、也更安全。”显然，在企业发展的不同阶段，需要有不同的助力因素，像发射火箭一样，逐级推动公司向前发展。

在上述的四个主体之间，其实是一种协同接力的关系，这四者之间是“1+1+1+1>4”的。如今，企业还处于早期阶段，乔老师认为：“我们还是应该更加专注技术的落地，以及第二代产品的形态和市场定位。”

4.2.3 投资人点评：不要局限于国内，更要合理布局海外市场

朱会灿　谷歌资深华人员工、中国工程研究院技术负责人

作为一家拥有国际视野的技术型风投公司，我们一直对硬科技创业团队怀着拥抱的积极心态。在布局中国投资版图的过程中，遇到每刻深思这样的项目对我们来说是一种惊喜。无论是从商业还是地缘的角度，如今的芯片赛道已是兵家必争之地。智能化正在逐渐触及和改变更多的传统领域。这是科技发展决定的，也是不可逆的未来发展趋势，而芯片是决定这个未来发展高度的底层基础。

我认为，每刻深思选择了一个非常聪明的切入点：常开式低功耗听觉感知芯片。目前，以风口中的智能家居、可穿戴设备等为代表的智慧应用场景正在持续扩张，常开芯片的需求与性能要求势必随之增加。这对每刻深思的发展而言，是挑战，更是机遇。在我们丰元的 160 多家被投企业里，有很多企业对智能听觉感知芯片有着

诸多的使用和开发方面的诉求。因此，当遇见一个被认可的团队，有一个笃定的赛道，并确认了产业的需求之后，创投企业要做的就是全力以赴地支持他们。这种支持不仅限于资金，更多的是凭借导师团队丰富的产业经验以及全球化的视野，帮助每刻深思在战略和发展上都做到更好。作为一家国际化的风投机构，我们希望每刻深思的未来发展不要仅局限于国内，而是能够布局更合适的海外市场，并带动周边的发展，以实现共赢。这也是 AMINO Capital 作为一家基金公司的希冀。

4.3　优镓科技：芯片行业的创业之道

- 如何从技术输出转变为产品输出？
- 创业公司 CEO 需具备何种能力？
- 怎样利用好实验室平台？

4.3.1　创业团队和项目介绍

优镓科技公司成立于 2019 年 10 月，创始团队成员均来自清华大学电子工程系，团队负责人黄飞是清华大学 2018 级电子工程系博士生，指导教师及首席科学家是清华大学电子工程系陈文华教授。

优镓科技是一家专注于高性能氮化镓射频功率放大器（PA）的芯片设计公司。优镓科技以先进的高效线性功放芯片电路设计方法和经验积累为核心，使用第三代半导体氮化镓材料，自主研发面向 5G 通信宏基站、小基站和专网通信等应用领域的射频功放芯片。在市场方面，优镓科技研发的 5G 基站功率放大器芯片是移动通信系统的核心器件，其对 5G 的高频特性对材料、工艺和设计都有着更高要求。

优镓科技在参加 2021 年中青众创“对话新知”活动路演时，引起了大湾区投资机构的关注，目前已完成数千万元的融资。公司目前已推出面向 5G 通信基站端的高效线性功放芯片，可有效应用于 5G 基站 Massive MIMO 架构中，产品性能达到世界领先水平。公司力求打破国际垄断，其产品将填补国内空白。

4.3.2 创业故事

创业的初心：解决“卡脖子”问题

黄飞是清华大学电子工程系的博士毕业生，在校学习期间，他了解到我国芯片虽然发展很快，但是在很多方面还有待追赶。我国研发芯片的历史并不算长，无论是工艺还是材料的研发都滞后。当然，还包括设计等方面，未来还有很长的研发之路。尤其在射频芯片领域，目前还都是国外厂商在主导，主要是欧美企业。因此，深感重任在肩的他希望能够利用技术突破去带动整个局面的改善，并希望利用清华大学的技术积累去解决我国现在面临的“卡脖子”技术难题。

基于此，黄飞和自己的老师一起创办了优镓科技。他说：“我接触到的大部分创业项目与半导体行业相关，我在清华大学，与大家交流的还是硬科技偏多一些。”

清华大学创新创业的大环境对黄飞产生了巨大影响，在团队创业的过程中，学校为其提供了坚实的基础平台。“清华大学创业氛围非常浓厚，而且在学校周边，聚集了方方面面的资源，”他补充道，“清华大学的校友圈是一个非常重要的创业资源，对于个人而言，是一个特别大的赋能平台。”

从博士到 CEO：不能用两年前的子弹去打兔子

前几年人工智能领域的创业非常火爆，如芯片类、硬件类的创业，黄飞团队在将实验室的技术进行商业化的过程中也经历了很多困难。黄飞回忆说："团队原来只做技术输出，现在要改变思维，从技术输出变成产品输出。对于学生来说，这是很重要的转变。"

做技术和做产品，需要两种完全不同的思维方式。正如黄飞所说："真正把核心技术转化到能用的产品中，会遇到很多的实际问题；在具体开发产品的时候，要抓住客户的痛点，抓住核心的需求，'不能用两年前的子弹去打兔子'；要学会做减法，能够最精简化地满足客户需求，既要在工艺上满足，也要在成本上可控。"

黄飞认为："在创业的早期阶段，有一个聚焦的核心产品是非常重要的。另外，如何取舍，优先级怎么定义，在某一个阶段怎么合理布局，专注去做一件事情，这些对创业者都很重要。"尽管创业过程中的经验已经让团队思路往产品端或市场端靠拢，但团队在意识到这些问题后，还是做了很多工作才慢慢实现思维方式的转变。

在将实验室成果转化为产品的过程中，团队遇到了许多挑战。在黄飞看来："总觉得自己做得不够好，或者还有很多不足之处。坦白而言，创业的过程也是自己不断学习和反省的过程。"

在创业过程中，黄飞面临的一个比较大的挑战就是，实现从博士身份到创业者身份的转变。黄飞是清华大学的本硕博，一路走来的"学霸"身份可谓光鲜，一下子变成了众 CEO 中的一个"小学生”，在心态上需要有一个转变过程。用黄飞的话来说就是：“要学会不断打破自己经历和认知上的惯性，并且还得四处碰壁、四处取经。”

黄飞说：“作为一名清华大学的工科博士，只需要专注于自己研究的那一个点，只需要在一个比较专注的方向上做一个点的突破就可以了。而创业却与之完全不同，创业需要你去做成一个产品，要从内心坦然接受自己角色的转换，作为一位名校的博士生，理应去从事高精尖的技术研发工作，到后来，发现自己劳碌终日，从头到尾干的都是非常简单且烦琐的事情，甚至在很多人眼里，这是一些谁都可以去做的工作。显然，在整个过程中，需要自己调整心态。”

在创业过程中，还需要不断了解和学习怎么去做一个企业，考虑的事情涉及方方面面。黄飞表示：“在大部分情况下，你所要做的事情不仅代表着你自己，更是代表着整个公司，也代表着你身后团队共同努力的成果。你怎么去说，做好中间的传递者，把整个团队努力的成果传达出来。再把外界对团队的评价和要求提炼成核心的观点，传递给团队成员，这对于创业公司的 CEO 来说是一项核心能力。”黄飞已深刻地认识到这种能力的重要性，并且也在下意识地培养自己。

例如对于新冠疫情的影响，黄飞表示：“疫情对于我们行业的影响，更多的是一些客观物理条件上的。因为对于国家或者说整个行业，5G 建设的趋势不会有本质上的变化，在时间上可能会有一个稍稍滞后的过程，但大的趋势不会有明显改变。”

从技术到产品：不可以闭门造车

对于从技术到产品的过程，黄飞认为："团队最早开发的技术方案确立于 2010 年前后。当时陈文华老师团队所开发的双频 Doherty 架构，在国内甚至国际上来说都是比较前沿的。这在一定程度上确立了课题组和团队在学术界的地位。同时，借助当时的成果打动了产业界主流设备商，包括华为和中兴这样的企业。"

变则通，通则达。团队抓住了这个机会，开始尝试跟产业界做一些更偏向直接应用的产品设计方案。

在之后的几年里，团队开始根据产业需求研发一些能够应用到实际中的产品，并交由设备商进行规模生产。在产品与市场的融合过程中，公司也依靠较为先进的、前沿的技术获得了业界很大的支持和帮助。

从技术到产品的过程中，陈文华老师作为团队首席科学家，起到了很关键的作用。因工作需要，陈老师与设备商需要经常保持深度的交流和合作，有时还会共同承担国家课题，有时直接面向客户端需求做横向课题的开发。由于这种便利，让团队一方面能够与客户保持良好的沟通交流；另一方面是能够从客户的角度深度理解需求。一种隐性的价值，团队不管是在早期学校实验室阶段，还是如今的创业阶段，基本上跟产业界保持了紧密交流。

从学校到社会：实验室既是资源也是平台

在公司发展的过程中，学校实验室给予了公司莫大的帮助，主要包含了两个层面：第一，对于初创企业来说，实验室是一种客户资源，通过依托学校的实验室，可以跟供应商、客户进行互动，或者更直接一点来说，可以与它们取得相对平等的交流地位。第二，实验室本身是一个很好的技术平台，可以给团队提供技术、设备方面的便利，这对于早期的硬科技企业，特别是初创的芯片企业是可遇不可求的。

用陈文华老师的话来总结：团队研发的产品还会涉及软硬件配合，需要有比较多的耦合，实验室正好这两方面的事情都会做，有技术上的积累．这样一来，团队在跟很多设备商打交道的时候，相对比较顺畅；在具体的技术层面，实验室发挥了比较重要的作用，尤其是对于一个硬件开发企业来讲。

综上所述，早期实验室能够提供非常好的支撑，如果没有学校实验室技术平台的支撑，团队很多技术开发和测试工作的开展就会受到很多制约。当然，单单依靠学校实验室的技术平台是远远不够的，还需要依托实验室已有的行业资源，去拓展产业链上下游的客户资源，最后才能够流畅高效地开拓业务。

在创业过程中，团队也碰到了种种艰险，或者说是障碍。依托清华大学实验室的确有好处，在寻找上下游产业资源的时候，至少不会吃闭门羹。但实际上，作为一家初创企业，在面对大供应商时，基本上没有话语权。所以在这个时候，如何能够保证初创企业与产业资源进行良好的互动，这需要智慧。

从师生到合伙人：师生共创助力硬科技创业

最初的创业，起源于两个人的想法。

“其实，我和陈文华老师都有创业的念头，只是在等待合适的时机。我相信大多数人不会为了创业而创业，尤其是这种技术性很强的项目，冲动就稍显盲目。我们一方面有了足够的技术积累，另一方面也是看准了市场风口的来临，找准了时机。我跟陈老师早期交流就非常多，可能更多的是亦师亦友的关系。记得在一次出差的旅途中，我们聊了很多与技术和产业相关的看法。陈老师问我，有没有想过把自己实验室这十几年的技术成果做成产品，去实现商业化。听到此话我心潮澎湃，因为我内心一直有创业的想法，但是苦于自己单打独斗、势单力薄。如果有老师的加持，再利用实验室团队多年积累的技术成果，我相信自己还是有足够的能力放手一搏。”黄飞回忆过往仍然心生悸动。随后，两个人一拍即合，各司其职，建立了创始团队，成立了公司。

陈老文华师说：“在学校的研发中，关键技术比较多，但形成产品还是有一段距离。”由于学生接触这个行业的时间短且产业资源较少，在师生共创中，黄飞承担了公司较多的具体工作。黄飞说：“老师毕竟在这个行业的时间更长，认识的人也会更多，所以在行业资源方面，他能够帮上忙。”

在黄飞看来，由于芯片类公司所处的是比较传统的 to B 行业，需要依靠很深厚的行业资源，并且，在和这些比较传统的大客户沟通交流的时候，需要专业的技巧，因此黄飞主要负责对接公司。而陈老师更像是团队的总建设师。黄飞感激地说：“我们创始团队本身情绪的积极与否，很大程度上需要依靠陈老师去调适。”

陈老师构建了团队成员之间的信任，并调动了团队成员的积极性。在团队中，每个人各自所承担的任务和责任会有差异，需要大家共同去面对一个市场。而陈文华老师作为团队的精神核心，他能够比较敏锐地发现问题，并及时进行调解或调整，这对一个初创团队来说是至关重要的。

作为师生共创的两方，两人分工明确，分别代表了团队的细节和整体。这正如黄飞所描述的："陈老师作为军师在幕后坐镇指挥，我们几位大将在前方冲锋陷阵，各自负责好自己承担的任务。"正是依靠这样的师生共创模式，有效推动公司不断向前发展。

师生共创有其自身的优势，正如陈文华老师所说："优势就是团队，在学校里一起做事的团队，沟通效率和配合程度都比较高，共同承担的事业不再需要一个熟悉、磨合的过程，工作效率会大幅度提升。而且，团队成员之间也会有较高的信任度。当然，辩证地来看，这种模式也存在不足。作为一个初创团队，他们刚出校门，属于比较纯粹的技术团队，这个团队在和产业界上下游打交道的时候，在产业经验以及各方资源等方面肯定有所欠缺。"

对于师生共创模式，黄飞认为，尽管学校鼓励将科研成果转化，但是在实际操作过程中，由于很多机制还在调适的过程中，团队需要时间去适应，并注重效率的提升。另外，黄飞认为，学校已经有了一些平台，如清华 x-lab，还是面向校内的同学和老师更多一些。他认为这些平台应进一步开放，使得更多的人、更多的要素能够参与进来。陈老师则指出，在师生共创中，有时候过于一致的团队可能容易把自己封闭在一个比较固化的模式里面，以至于发现不了这个模式里潜在的问题。因此，师生共创应该引入更多不同背景的人。

陈老师说："借助包括清华 x-lab 这样的平台，在校内的资源交流已经足够充分了。但是坦白讲，我们希望除了在自己的行业里做一些深入的研究和挖掘之外，还需要进行不同行业、不同方向上的扩展。实际上，有很多外部的渠道和资源，包括其他高校或一些研究所，都是可以去做深度合作的。所以，我们也考虑通过学校之间的这种创业孵化器，或平台型的交流方式，能够跟其他高校或者是类似创业团队进行深度的交流和合作。"

4.3.3 投资人点评：众人勠力同心，其利必将断金

丁昳婷　英诺天使投资总监

站在投资人的角度，我也明确地指出过师生共创可能遇到的一些问题。

首先，团队很容易从纯技术的角度来做事情，团队的思路不够市场化和产业化；其次，在核心团队的组成上，技术基因比较重，没有其他的基因能够来做互补。所以，从投资机构的角度来讲，不同轮次的投资在很大程度上是为了补全团队机构，能吸引更多互补的人进来。作为项目团队而言，有没有招人的能力，有没有这样的朋友圈，把足够优秀的人吸引到一块儿来，包括有没有这样的魅力吸引同道中人，也是投资机构非常看重的地方。

英诺天使基金投资公司从优镓科技的创始团队中发现了这些优势和潜力，公司的技术方向也是非常前沿的。

4.4 与光科技：让光谱感知无处不在

- 如何用好师生共创模式？
- 技术如何与产业完美结合？
- 如何突破大企业的围剿，挣脱欧美的“卡脖子”？

4.4.1 项目简介与发展历程

项目简介

北京与光科技有限公司（以下简称与光科技）是清华大学电子工程系微纳光电子学实验室成果转化出来的企业。公司专注于芯片级光谱测量及光谱成像技术的产业化，为全球用户提供先进的光谱芯片、人工智能算法和智慧感知方案，为行业关键缺口赋能，支撑相关产业的高效发展。其代表性创新成果快照式 CMOS 超光谱成像芯片具有精度高、成本低、可量产的优势，为智能手机、医疗器械、机器视觉、增强现实、自动驾驶、智慧城市等行业拓展了新的信息维度，是智能传感领域的颠覆性技术。

目前，与光科技已经在北京建立了总部，在上海和苏州建立了研发中心。

企业发展历程：

2020 年 9 月，北京与光科技有限公司成立。

2020 年 11 月，公司获得元禾原点、SEE Fund、真格基金、泰有基金等投资方数千万元天使轮融资。

2020 年 12 月，公司携手姑苏实验室共建了苏州研发中心；上海研发中心落地浦东张江。

2021 年 3 月，与光科技发布 GS0211 超光谱芯片，并在慕尼黑上海光博会发布了第一款小型化的光谱仪。

2021 年 5 月，公司获得清华大学“校长杯”创新挑战赛金奖，以及技术创新奖。

2021 年 6 月，公司获得韦尔股份和海康威视数千万元联合战略轮投资。

2021 年 9 月，发布复虹光谱传感模组 SEE8610、斓彩光谱成像模组 SEE8810。

截至 2021 年 12 月，公司成功获得武岳峰资本、红杉中国、招商清控、信熹资本等投资方数亿元 Pre-A 轮融资，一举刷新了全球光谱芯片初创公司融资纪录。

4.4.2 创业故事：光谱领域里令人瞩目的中国之光

师生共创，打造最强阵容

2020 年 10 月 15 日下午，在清华大学科技园的阳光厅里，一场揭牌仪式正在隆重举行，这是清华大学微纳光电子学实验室的光谱成像芯片成果转化企业——北京与光科技有限公司的揭牌仪式。

这意味着又一个师生共创的硬科技企业诞生了，它的诞生凝聚了同一个实验室里三代人的科研心血。

要了解这个故事的缘起，还得从清华大学电子工程系黄翊东教授说起。

黄翊东教授 1994 年毕业于清华大学电子工程系并获得博士学位。1991 年至 1993 年，黄翊东教授作为清华大学—日本东京工业大学联合培养博士生赴日本东京工业大学荒井研究室留学。2003 年，她以长江学者特聘教授的身份重返清华大学电子工程系任教，并创立了微纳光电子学实验室，现任清华大学学术委员会副主任。她曾任清华大学电子工程系主任和清华大学天津电子信息研究院院长。可以说，黄翊东教授既是实验室的创始人，也是与光科技的奠基人。

崔开宇副教授师从黄翊东教授，主要研究方向为基于半导体周期微纳结构的光电子器件，是该领域多项世界纪录的保持者。崔开宇副教授基于可重构超表面技术研制出了国际首款可一次成像的 CMOS 光谱成像芯片。正是这一成果为与光科技的创立奠定了基础。

与光科技的 3 位联合创始人王宇博士（CEO）、蔡旭升博士（CTO）、黄志雷博士（COO）也是实验室的学生，他们 3 人拥有同样过硬的履历与互补的能力背景。CEO 王宇是清华大学电子工程系 2017 届博士，在校期间，他曾获得过清华大学的特等奖学金。这个奖项每年仅评选 10 人，王宇以其过硬的综合素质在莘莘学子中胜出，获得了导师们的一致肯定。不过，导师们之所以选择王宇，不仅仅是看中了他的专业能力，更是因为他有过 3 年的金融从业经验，并拥有着良好的行业视野。事实证明，崔老师的看法是对的，王宇对电子产业，特别是电子消费产业链的上下游非常熟悉，也正是他让与光科技的产品实现了落地。

CTO 蔡旭升是清华大学电子工程系 2020 届博士、CMOS 光谱芯片技术的第一学生发明人，已申请 CMOS 光谱芯片相关的国内外专利 20 余项。

而 COO 黄志雷是清华大学物理系学士、电子工程系 2018 届博士、美国加州大学伯克利分校访问学者，曾获得国家奖学金，荣获北京市“优秀毕业生”称号，曾任华为中央研究院主任工程师，并获华为总裁团队奖。

这三代清华人，虽然经历各不相同，但心愿却是一致的，那就是希望让光谱感知无处不在。因此，他们为公司起名叫“与光”。这个名字源自《道德经》中老子提出的“与光同尘”，意思是不同颜色的光合在一起，暗含了光谱之意，也体现出他们的梦想与心愿。

光谱芯片，颠覆性的技术

为何与光科技三代人的心愿都是让光谱感知无处不在？这得先介绍一下何为光谱。

早在 1666 年，牛顿通过玻璃棱镜，把太阳光分解成红、橙、黄、绿、青、蓝、紫等各种颜色的光谱。他惊讶地发现，白光是由各种颜色的光组成的，这是历史上人类对光谱最早的研究。

随着历代科学家的不断研究与耕耘，人们逐渐发现不同的物质都有属于自己的光谱，就好比每个人都有与众不同的指纹一样。因此，通过光谱分析，人们就能准确快速地分辨出各种物质及其组成部分。比如在地质探测、水质探测等方面，有了光谱分析技术，就可以快速检测出土壤或水所含的物质成分。

光谱的神奇之处远非如此，就连在人体上也能运用光谱分析技术。比如通过分析来自人体皮肤上的荧光，进而检测化妆品、药品的应用效果，以及皮肤增生、头发损伤、紫外线防护效果等。除此之外，光谱分析技术甚至还已运用到糖尿病的血糖检测上，只需采用无创的方式便可检测出受检对象患糖尿病的风险。

然而，光谱技术虽然好，可以运用到各大领域，但其技术的局限性也非常明显。

用于检测光谱的光谱仪是非常精密的仪器，当前仍然基于 17 世纪牛顿空间光路分光的原理，需要较长的光路来保证更好的分光性能，因此导致现有的光谱分析仪器不仅体积庞大，而且造价昂贵。一台光谱分析专业设备的价格动辄上万甚至十几万美元，只支持扫描式成像，且操作复杂，这就使得光谱成像的时间非常长。

这些缺陷大大限制了光谱分析技术的普及和应用，所以目前光谱分析技术基本上只在科研等专业领域使用。因此，将庞大的光谱检测设备做到芯片大小，使其能够集成到各个检测环节一直是领域内的科研热点。

而这也恰恰是与光科技三代人共同聚焦且想要解决的关键性问题。“我们不仅要突破‘卡脖子’难题，更要致力于创造具有领先优势、能够对他人形成技术制约的成果的技术！”在这样远大抱负的激励之下，崔开宇副教授带领团队提出并研制成功了国际上首款可一次成像的 CMOS 光谱成像芯片，单点光谱分辨率达 0.8 纳米，成像空间光谱解像度达 150000 以上，为智能感知开辟了“实时光谱成像”这一新的信息获取维度。

功夫不负有心人。该光谱成像芯片由成千上万个微型光谱仪构成，每个微型光谱仪都可以独立实现光谱分析功能，一次拍照即可获得一幅完整的光谱图像。该技术最大的亮点在于，可以完美兼容当前主流的图像传感器（例如 CMOS 图像传感器、CCD 等），再配套后端算法，可实现光谱成像功能。不仅如此，其生产流程与业内成熟的 CMOS 工艺兼容，可实现大批量、低成本生产，填补了国内外光谱成像芯片量产的空白。从长远来看，应用此项新技术可实现在各个领域实时光谱大数据的获得，使得构建未来的“智能光谱云”成为可能。

可以说，这个光谱芯片不是传统产品的改良，而是颠覆性的。与体积大、造价高的传统仪器相比，该芯片具有精度高、成本低、可量产的优势，这就让光谱技术的推广与普及成为可能。

十年磨一剑，技术引领产业

虽然与光科技成立不过一年多的时间，但它的技术研发已经历时 10 余年。

清华大学的微纳光电子学实验室成立于 2004 年。其主要研究课题是分析微纳结构中物质与光波 / 光子的相互作用，为光电子技术的创新发展提供新的物理机制和实现手段。实验室以服务智能化社会为导向在信息、能源、环境、生物医学等重大科技领域全力开展光电技术的创新突破工作，并致力于微纳结构光电材料中新颖奇特的物理效应和光电特性的研究，已探索研发出新一代光—量子功能器件。正是凭借着这种稳扎稳打的科学精神，黄翊东教授和崔开宇副教授十几年磨一剑，带领学生团队创新性地研发出快照式 CMOS 超光谱成像芯片。

但是，技术上的突破仅仅是第一步，技术从研发到落地，从实验室到市场，还有很长的路要走。

对于如此颠覆性的技术，与光科技打算如何将它商业化呢?

王宇非常明确地指出：

商业化的第一个切入点是光谱芯片技术与手机相结合。与光科技的芯片技术特点是小型化和低成本，这使得光谱分析技术有望与手机相结合，成为人们常规运用的技术之一。这一点并不难实现，事实上，国外的手机已经开始植入了类似的光谱芯片，只不过与光科技在成本和性能上更具优势。光学对于手机而言是很重要的，这也是几大手机厂商在光学这个赛道上达成的一致想法和理念。

第二个切入点是借鉴前人的经验教训。站在巨人的肩膀上，才能看得更远。我们经常会去关注一些已经被验证过的小型化光谱仪可以干的事情，比如土壤检测、水质检测等。可能这些事情以前做得不够好，或者需要降低仪器成本，缩小仪器体积。这些由前人总结出的经验教训，可以帮助我们较快地验证自己的商业模式。

第三个切入点是与人工智能技术相结合。光谱芯片有可能会成为人工智能、大数据行业的基础设施，比如在自动驾驶的冗余方案中，可作为机器识别标配信息的输入单元，甚至在医疗器械领域都可以得到运用。不过这是一个新的感知渠道，而且是比较基础的感知渠道。目前，这一块的市场还需要进一步培育和挖掘。

但是这些都是前期工作。王宇总结道，与光科技未来打算做光谱核心零部件的供应商。这会让自己有机会参与更多的光谱应用项目开发，更好地实现“让光谱感知无处不在”的心愿。

王宇清楚地意识到，跟大企业合作，如果对它们依赖太多，会出现被单一大客户“卡脖子”的风险。所以基于这个考虑，与光科技便有意识地去引入更多的合作伙伴，去拓展更多的行业应用。

与光科技在 2021 年慕尼黑上海光博会上，发布了第一款小型化的光谱仪。这个产品可以实现 1 纳米左右的光谱分辨率，是一款颠覆性的产品。这款小巧灵敏的产品，使得与光科技收获了很多好评，引起了业界的广泛关注。

王宇认为，手机是非常重要的切入口和媒介，可以把光谱技术真正带到每个人的身边。同时，通过消费电子领域产生的溢出效应，在医疗、工业等领域，把光谱技术推广到更多的地方。

除此之外，与光科技就光谱解决方案也有比较多的探索，比如环保领域的水质、土壤、气体监测，智慧家居控制、食品检测等。总体来讲，与光科技的产品都是围绕“让光谱感知无处不在”的理念来进行开发的。

技术优势突出，无惧大企业压制

与光科技的芯片性能虽然很强，但是想要推广，还得与手机大企业进行合作以便共同开拓消费电子领域或市场。但这样的合作也会产生一些不利影响，比如大企业会压榨与光科技的利润，甚至会模仿与光科技的技术。对此，王宇前瞻性地做了内外两手准备。

对外调动其他资源。与光科技会寻求外部资源，借助现有的供应链，可以比较快速地完成验证以及客户的导入。

而对于一些其他的行业应用，包括与光科技自己做的产品，公司主要是调动内部资源。与光科技有着非常资深的团队，他们在原来的公司就是各个岗位的精兵强将，在许多方面都有丰富的经验。

因此，与光科技虽然是创业型的企业，但在面对大企业的压制时却表现得信心十足。创业型企业的优势就是有着比较大的进步和迭代空间，而且与光科技清楚怎么迭代，再加上它独有的系统，可演进的路径也比较多。与光科技只要比大企业跑得快，在细分领域上就会一直比他们做得好。可以说，在相当长的一段时间里，与光科技的技术优势都非常明显，根本无惧大企业的压制。

产学研用模式的优与劣

与光科技属于典型的师生共创、产学研用相结合的产物。对整个团队来说，相比其他创业类型，他们的优势和不足之处也很明显。

当谈到与光科技的优势时，王宇总结如下。

第一点是与光科技有技术积累。因为有技术优势，所以创业风险比较低。与光科技里有很多学者和老师，他们都是行业内的专家，有他们对产品和技术进行把关，技术、市场等各方面的风险就不会特别大。总体来讲，师生共创的企业风险是比较低的。

第二点是团队成员师出同门，干劲足，凝聚力强。与光科技管理团队的班底几乎都是黄翊东教授的学生，出自同一个实验室。这些师兄弟在学校时就有比较多的交流和了解，有了这样一个基础，再加上团队有明确的激励机制，大家力往一处使，更容易实现企业的腾飞。

第三点是有清华大学的大力支持。学校对于科研成果转化的流程、政策都是非常明确的。在成果转化过程中，学校和老师也有明确的分配比例，学校非常鼓励老师对科技成果进行转化。

当然，这样的模式也存在缺点。师生共创，包括新一代的企业合伙机制，还是比较新的一种机制，目前类似的大型企业的成功案例还比较少，没有太多的成功经验可借鉴。实施全新的机制相当于摸着石头过河，很多地方都需要自己去探索。但团队一致认为，这种模式代表产业的发展趋势与未来方向。

4.4.3 投资人点评：以颠覆性技术突破欧美的“卡脖子”

姜明达　元禾原点投资合伙人

元禾原点投资一直专注于早期科技领域的投资。看到与光科技的介绍，在与崔老师、王宇交流之后，我们发现这家企业既有科技属性，又是早期项目，完全符合我们投资的标准，因此我们决定实施与光科技的第一轮领投。

其实，类似与光科技这样的企业很多，我们为什么偏偏选择他们呢？

因为在科技赛道中，传感是很重要的领域。在数字化、网络化的时代里，传感一直都是绕不开的一个环节，而其中的光学传感器就是最大的分支。

与光科技的光谱芯片不是改良性的产品，而是完全颠覆性的产品，这强烈地吸引了我们。光谱芯片本身就比较难做，要结构设计合理，要考虑复杂的算法，还要低成本化，做到这些是非常困难的。崔老师团队和清华最聪明的头脑、最专业的人一起十几年磨一剑，这种韧性十分令人钦佩。

除了拥有颠覆性的产品，与光科技团队本身也非常令人期待。

元禾原点投资对科技项目团队，基本上都会从两个方面进行评价。

首先是看企业如何在技术上保持自己长期的领先优势。在这一点上，与光科技是没有问题的。黄老师、崔老师都是在这个领域全球范围内的领先者。

其次是技术如何跟产业结合。当时我们担心这个项目很难与产业较好地结合。好在王宇拥有 3 年金融领域的经验，对消费电子产业链下游非常熟悉，这就很好地弥补了短板。这样一个团队，既有科研领域的大咖，又有非常懂产业的人，应该说他们的组合已经算得上很完美了。

另外，因为科技领域的项目保密性比较强，所以优先要解决的就是彼此信任的问题。与光科技这个团队既有以崔老师为首的科学家团队来解决从 0 到 1 的问题，又有以王宇为首的偏产业的团队去实现从 1 到 100。可以说，这样的团队非常符合我们投资的要求。

但是，说到师生共创，我们也看到了师生共创企业里存在的一些普遍性问题，最突出的就是师生共创项目很容易形成派系。

这个问题在公司早期发展时可能表现得还不太明显，因为大家都很熟悉，无论是在价值观方面还是在能力方面，彼此之间的认同感都比较高。但是等公司发展到一定程度之后，就会需要更多不同领域的人才来做市场以及其他一些业务，这种派系的矛盾势必会越来越明显。所以对于师生共创类的企业，怎么打破学校、院系的藩篱，也是个不小的挑战。

想解决这样的问题，其实可以从企业文化上找到突破口，当然这关系到创始人和管理团队的管理理念和方法。王宇是清华大学的特等奖学金获得者，人也一直很谦虚。同时，他也把谦虚的、平易近人的风气带到了企业中。在“明心见性，不矜不伐”的企业文化引领下，自然能很好地融合不同的人才。

这不是一天两天就能够完成的工作，需要很长一段时间。同时，公司在不同的发展阶段，职责、权利、分工、激励制度都要明确。我们也建议与光科技在以后的发展过程中，要慢慢淡化自己的派系标签。

另外，在光谱应用市场上，消费电子是最重要的，也是最需要投入精力的方面。因为在国内外的手机大企业中，已经有了多光谱芯片。与光科技的技术无论从性能上还是成本上，都是比较具有优势的。有了芯片的技术能力之后，怎么拓展更多应用，就需要与光科技和行业客户一起摸索和研究。

当然，这中间也有优先级的选择，根据我们的理解，像 3C 这样的大企业要优先去合作。因为这样可以增强认证产品的技术能力，以确保量产产品的稳定性、良品率等。对于消费电子或工艺品行业，需要大规模的量产验证来提升研发能力。后面还要争取高附加值赛道，比如医药、生物检测等领域，要一个一个去争取。

面对大企业的压制，我们对与光科技非常有信心，因为与光科技的技术壁垒是很高的。科技还是得靠人，除非有企业把像崔老师这样的核心人物挖走，否则想打破与光科技的技术壁垒是很难的。

这涉及我们对与光科技的期望。从长远来看，我们更希望与光科技能成为一家以光谱为核心技术的平台性企业。在现阶段，选择跟大企业合作的模式是顺理成章的，也是高效的方式。不管是验证技术，还是推广颠覆性的光谱芯片技术，这样做都是非常有效的。

最核心的技术是靠最优秀的人来开发的，与光科技在光谱领域已经聚集了一批最优秀的人才。接下来，把更多的时间和精力放在光谱芯片开发上，这对现阶段的与光科技来讲才是正确的思路。

在现阶段，中美之间的关系很微妙，清华大学正处在这样一个特殊时期，肯定会承担起更多的责任。在技术上，与光科技要做好进口替代，甚至需要用颠覆性的技术和产品来引领产业的发展。作为清华校友，我期待清华大学能培养出更多像与光科技这样的技术领先团队，也期待与光科技百尺竿头，更进一步，不懈奋进，矢志不渝。

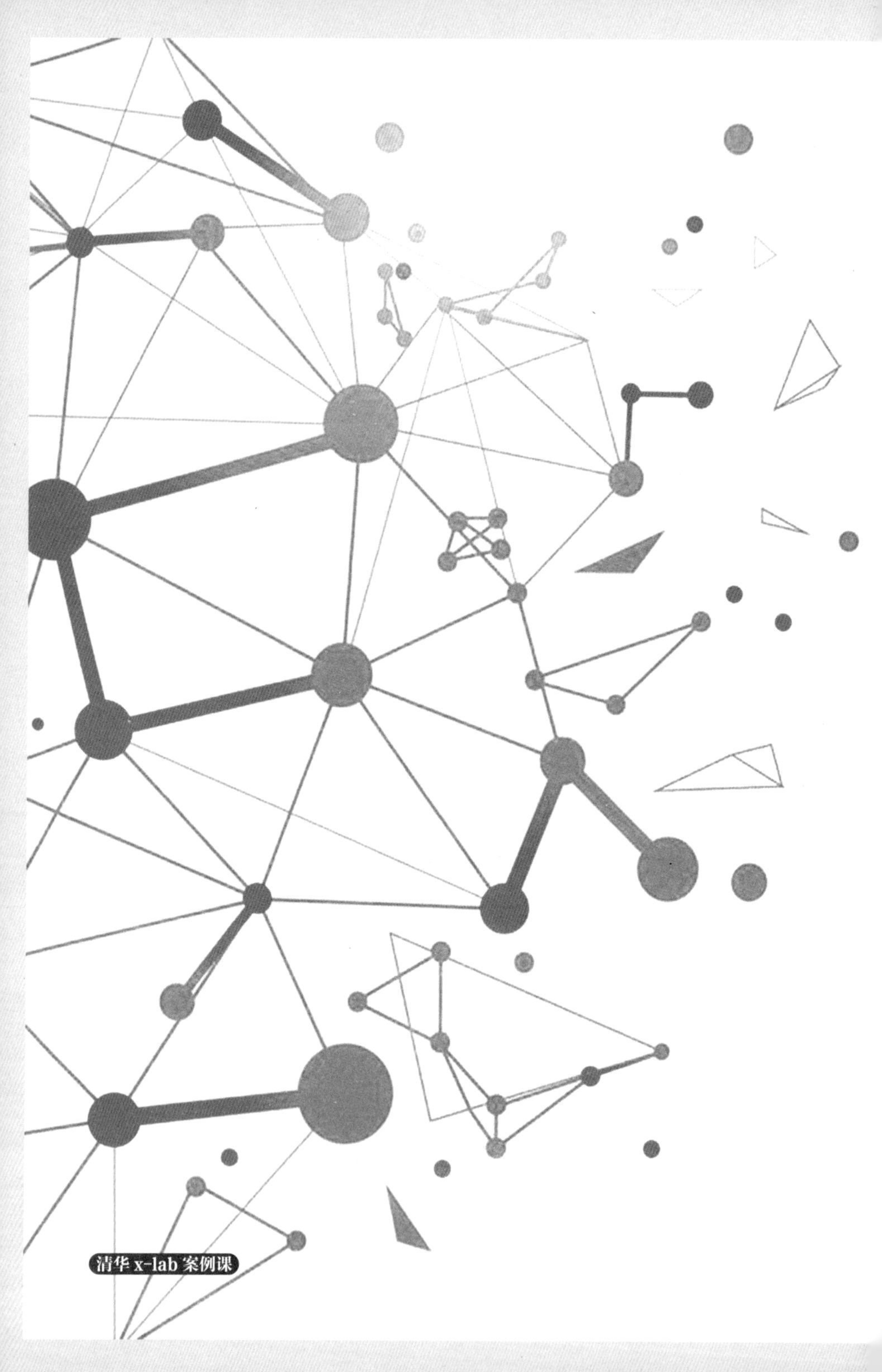
清华 x-lab 案例课

第 5 章

生物科技领域的师生共创

- 生物产业简介
- 蓝晶微生物：塑料行业的涅槃重生
- 华龛生物：3D 智造细胞建筑师

5.1 生物产业简介

《中华人民共和国国民经济和社会发展第十四个五年规划和2035年远景目标纲要》中明确指出：基因与生物技术是七大科技前沿攻关领域之一，生物技术也是九大战略性新兴产业之一，其中基因技术为未来产业。《“十三五”国家战略性新兴产业发展规划》（国发〔2016〕67号）提出，加快生物产业创新发展步伐，培育生物经济新动力，将生物经济加速打造成为继信息经济之后的重要新经济形态。开发高性能医疗设备与核心部件，加速发展体外诊断仪器、设备、试剂等新产品，推动高特异性分子诊断、生物芯片等新技术发展，支撑肿瘤、遗传疾病及罕见病等体外快速准确诊断筛查。

参考国家发改委《生物产业“十一五”发展规划》中的定义，即生物产业是将科学与技术应用于生物体及其部分、产物和模型，为改变生物及非生物物质而创造新技术、产品以及服务的同类生产经营活动单位的集合，包括生物农业、生物医药、生物能源、生物制造、生物环保、生物服务等六大行业。生物产业的六大行业，如表5.1所示。生物产业构成示意图，如图5.1所示。

表 5.1　生物产业的六大行业

行业	行业范围
生物医药	主要是指疫苗与诊断试剂生产、药品制造、医疗仪器设备生产和其他现代生物技术医药产品开发
生物农业	主要是指利用现代生物技术从事农业良种与林业新品种的培育以及绿色农用生物产品的生产
生物能源	主要是指利用生物质开发新型能源，包括能源植物品种培育及种植行业
生物制造	主要是指利用可再生生物质制造新型材料和化学品等，以及利用生物的机能进行制造，替代化学制造
生物环保	主要是指利用生物技术从事环境污染以及生态环境退化等方面的治理，开发环保生物新技术以及相关设备
生物服务	主要是指以合同的方式为制药企业和研发机构在药物研发过程中提供专业化服务

清华大学在生物技术领域拥有大量的积累。在生物医药方面，以施一公院士、王宏伟教授、陈国强教授、鲁白教授和洪波教授等为代表的科学家在科研方面硕果累累，并且他们的很多成果已经完成了转化，并成立了公司，在产业界实现了落地。清华大学在生物技术产业的主要学科分布，如图 5.2 所示。

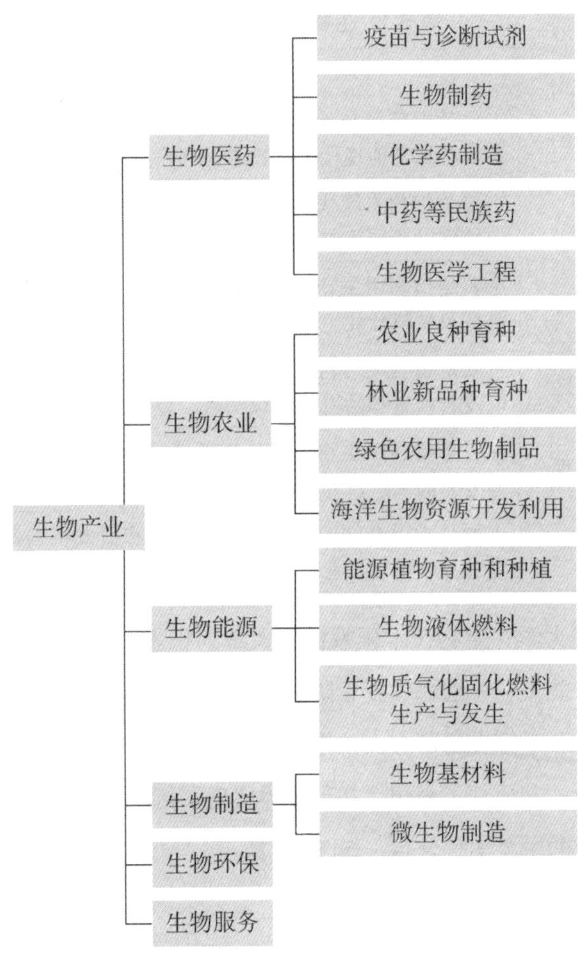

图 5.1　生物产业构成示意图

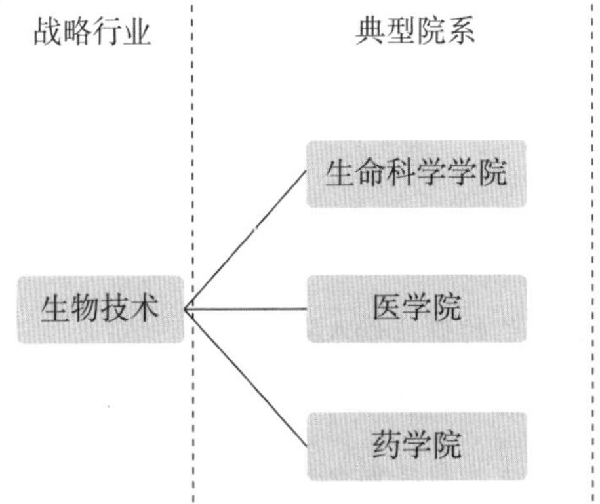

图 5.2 清华大学在生物技术产业的主要学科分布

5.2 蓝晶微生物：塑料行业的涅槃重生

- 如何找到自己的创业切入点？
- 中国与以色列携手合办的创业中心具有哪些独特之处？
- 困难重重，生物科技创企如何发展？

5.2.1 项目简介

蓝晶微生物是一家将合成生物学技术应用于工业生物制造领域的企业。该企业基于清华大学多年积累的研发成果，实现了以生物可降解材料（PHA）为代表的多种生物产品的低成本制造。

蓝晶微生物是清华大学与以色列特拉维夫大学联合建立的技术转化中心——XIN 中心首批扶持的企业。公司的联合创始人李腾博士与张浩千博士分别来自清华大学和北京大学。2016 年，项目成立于清华大学，实现了由知识成果到科技成果的转化。截至 2022 年年底，蓝晶微生物累计完成了超过 15 亿元人民币的多轮融资，是国内合成生物学领域成立最早、融资额最高的头部企业。

公司致力于设计、开发、制造和销售新型生物基分子和材料，并帮助消费品、食品、医疗、农业和工业等众多行业的企业在行业内开展差异化竞争。经过多年的发展，其产品在很多科技合成生物学领域得到了广泛应用，并与以中化为代表的一些巨头企业建立了深度合作关系。

5.2.2 创业故事：莫忘少年凌云志，曾许天下第一流

万事开头难。在长长的产业链以及众多复杂的环节中，最令人好奇的便是创业想法是怎么诞生的。

李腾在清华大学读了 9 年书，从本科到博士研究生，他一直在生命科学学院就读。他在本科三年级时接触到了一个领域，该领域是生物学的一个分支，叫作合成生物学，可简单理解为给生命系统的 DNA 做工程改造。这个领域令李腾非常着迷，在他看来：“它的应用场景是巨大的，甚至是无限的。过去人们研究生命科学都是在探寻生命本身的演化规律，但是后来当人们发现得足够多之后，会想着能否去改一改这个规律，并且利用这些改变使人们生活得更好，于是就有了合成生物学这个学科。”

他举了一个对他影响深远的例子——胰岛素。胰岛素是唯一能够治疗糖尿病的特效药。可以这样说，如果胰岛素不能大量供应，糖尿病就是绝症。从 20 世纪 80 年代开始，随着生物技术的进步，胰岛素可以用发酵的方式生产。在那之后，市面上的所有商业胰岛素都是使用这种方法生产出来的，因此胰岛素的生产成本大幅度下降，其出售价格也随之下降。在胰岛素可以大量供应之后，糖尿病就成了一种慢性病。这一改变是生物学上的重要突破。所以在本科三年级时，胸怀壮志的李腾就立志要在这个领域做出一番成绩。

本科毕业后，李腾继续攻读博士，研究方向就是用微生物去合成 PHA。他始终觉得这项技术不够成熟，因此，他在学习的同时，一直在寻找一个切入点：合成生物学是个很好的方向。有了技术方向，还要找到它的应用场景。而当时李腾能想到的应用场景就是做技术服务，还有就是用自己的专业能力做科研服务，或是给药企做服务，除此之外，他并没有想到特别好的应用场景。为了扩大知识面，更好地了解这方面的知识，李腾特地选修了与创业相关的课程，并经常与志同道合的同学和朋友讨论相关问题。

经过多番考察调研和慎重思考后，李腾选择了自己相对熟悉的 PHA。他回忆说："我认为 PHA 是个相当好的切入点，因为它的社会效益极大，我们的技术积累又足够好，再加入新的合成生物方法，可以让这个技术持续变好。所以当时就觉得这是一个很完美的思路，而且已有的技术能够为创业奠定坚实的基础。"

在李腾看来，这个基础既有显性的，也有隐性的。显性的是有很强的技术支持；而隐性的则是用清华大学的技术来创业，如果能被看好，项目会相对容易获得资本的关注，以及学校的支持。另一个大的助推因素就是当时的社会环境。在"双创"，即"大众创业，万众创新"的大环境下，清华大学校内的创业气氛非常浓郁，恰如"君子卓尔不群、朋而不党"一般。李腾回忆道："那时候在清华 x-lab 上聚集了一批创业的人，大家一起互相鼓励，一起成长进步，当时觉得特别开心。"

模式比较：大道行思，取则行远

机会永远留给有准备的人。李腾的公司作为 XIN 中心第一批入驻的企业，得到了很多支持。在经过了中国和以色列双重创业模式的指导后，李腾深有感触。

李腾认为，以色列创业的核心是技术驱动和拓宽海外市场。因为以色列本土是没有市场的，所以技术创业是核心，而技术创业涉及一个问题，即技术如何和现有的产业链相融合。相比较而言，以色列人会选择将技术瞄准一个相对比较大的市场，而创业者通常并不指望向产业链的下游延伸，即技术创业最终的归宿都是整合。基于这种整合方式，从具体公司的角度讲，要么是公司被别人收购，要么是公司作为一个技术供应商来供应技术，或者是整合出一个技术解决方案，然后将解决方案作为商品去销售。基于这个逻辑，以色列的创业者不会向产业链的下游去延伸太多，主要是向上游延伸。

而在中国情况则稍有不同，具体不同之处有两点：第一，中国技术的阶段性交易机制没有形成，即一个不能形成闭环的技术是非常难以获得高溢价的，因此技术解决方案在国内较难变现；第二，中国有足够大的市场和全部的产业链。在这两个因素影响下，中国企业通常都会向下游发展，在产业链中形成商业闭环，或者是抛弃上游，只做下游。

迄今为止，在中国，只有极少数的领域形成了像以色列那样技术变现的成熟市场。比如在医药领域，原因是医药领域有很强的外部监管。同时，药物上市的流程都是固定的，每一个流程都是一个重要的里程碑，这个里程碑不是由企业自己定义的，而是由监管部门定义的。明确的里程碑给技术交易提供了一个非常直接的平台，所以该领域的技术交易是可以形成的，而其他领域的技术交易迄今为止没有形成。这也是中国跟以色列在以技术为核心的创业方面最大的区别。

应对挑战：今朝唯我少年郎，敢问天地试锋芒

李腾认识到，任何新生事物的成长都是要经过艰难曲折的。事实上，PHA 是个很难做的领域，因为它的技术链条较长。若想形成商业闭环，需要做的事情非常多。而在当时，团队并不具备这种能力，这些都需要时间和技术的积累。因此，公司在实现技术商业化的过程中，也面临了许多困难和挑战。

PHA 产业链较长，需要投入的资金也较多。如果想销售好产品就需要解决这条产业链上的许多问题，必须要有比较稳定规模的生产，并且生产材料的性能也要稳定。李腾认为：“这就变成了一个冷启动。”也就是说，公司刚开始就需要有一个成熟的技术，并且其产品要能形成比较大的生产规模，意味着要有巨大的投入。而创业公司无法在前期投入大量资金去建造大规模的生产工厂。因此与其他生产周期短的项目相比，开发 PHA 技术对于创业公司来说是很难的，这是公司遇到的第一个大挑战。

李腾不无感慨地回忆道：“我们当时想了很多办法，比如我们只提供技术，找企业去合作……后来发现不行，技术在国内是很难直接变现的，这就逼着我们自己去做生产，并把控所有的环节，以

形成稳定的生产能力。”

如何去形成自己的生产能力呢？这一难题仿佛给公司宣判了死刑。

天无绝人之路。沉郁顿挫之后，公司很快又“活过来”了，这离不开各个方面的努力。首先，公司开拓了一个新业务，这个新业务的收入用以支撑公司所有的研发、日常运营，最终这部分资金被用于产品生产。

其次，外部环境也给予了公司很大帮助，资本市场已开始关注硬科技。当时互联网模式较为成熟，投资人关注更多的领域就是科技。而科技领域一个是看人工智能，继而是看芯片；另一个就是看医药，继而是看生物技术。恰好这时候美国合成生物学领域发展迅速，于是大家开始关注中国的合成生物公司。李腾说：“当时市场上就我们一家，于是，更多的投资人开始关注我们。这是一个典型的外部因素，是我们无法控制的。但事实上我们是受益的，否则我们就活不下去。”

最后，另一个重要契机便是“禁塑令”的发布。自 2018 年起中国在全球可降解材料市场的发展进程中发挥了引领作用，这一年，中国禁止了废塑料的进口；2019 年，中国开始禁止一次性塑料的部分使用。中国作为全球最大的塑料消费国，这一政策的实施给可降解材料生产企业创造了一个巨大的机会，为可降解材料提供了庞大的市场。在中国禁止废塑料进口后，欧洲国家也意识到自己国内废弃塑料问题十分严重，加快了立法的进度。因此，全球可降解材料市场迅速扩大，这意味着蓝晶微生物产品的应用场景也会迅速扩大。

时来运转。这三件事使公司的“冷启动”成为可能，公司得以顺利发展。但是，产品生产出来之后，公司又面临着第二个难题。

因为技术比较新，所以技术路线并不成熟，无法满足客户的需求，也就无法保证产品的成功上市。李腾回忆说：“我们发现最初的技术路线在生产端并不能降低成本。对于可降解材料来说，降低成本是非常重要的，不能降低成本，产品就没有市场竞争力，我们不敢把基于最初技术路线的产品产业化。同时，我们自己都担心它有问题，如果无法充分交付，那将会出问题。”面临重重挑战，公司选择更换技术路线。更换技术路线的过程对公司来说，是十分困难和痛苦的。

李腾介绍，公司很想把原来的技术实现产业化，但事实上很难，这一点无疑对团队是一个很大的打击。最终，团队选择从头开始，在资源极其有限的情况下开发了一条新的技术路线。新的技术路线和原有的技术路线比，是在一条更主流的技术路线上做了大量优化。这就意味着，新的技术路线一方面解决了成本问题，另一方面却面临着更激烈的知识产权竞争问题。所以，团队必须开发一个既不侵犯已有专利，又具有足够的创新性和成本优势的新技术，这样的尝试就好像戴着脚镣跳舞。

“而更换技术路线所带来的问题还不止于此。”李腾心情沉重地说：“更换技术路线有很大的风险和不确定性，因为谁也不知道新的技术路线是否真的有效。团队内部产生了分歧，尤其是考虑到原有技术路线已经研发多年，如果放弃真的是一个艰难的决定。分歧导致了冲突，最终团队出现了分裂，创始团队的部分成员退出了公司，这无疑是令人心痛的。”

后来终于有了突破，公司开发出一个新的技术路线，解决了这个问题。随后，公司进入了相对稳定的发展期。

创业从来都并非易事。从 2018 年的下半年到 2019 年上半年，公司又度过了一段比较艰难的时期。此时正值资本市场的寒冬，而公司为了使技术路线形成闭环，花费了大量的资金去做代工生产。但是这个过程并不顺利，公司在经营上并没有实现商业闭环。因此，公司的产品在市场上很难销售。这一困境持续了较长时间，公司生产团队几近崩溃。最后，公司推出了一系列措施：裁员；猛做现金流的业务；中止中试，重新做新技术的研发；暂停融资，调整人员分工，希望通过这些方式来解决公司面临的问题。幸好，在推行这些措施后，公司一个月的收入就覆盖掉了之前大部分的支出，而且业务在不断增长，公司又开始继续发展了。

值得一提的是，即使面临着许多困难，公司也始终坚持着客户需求第一的原则。正如李腾所说：“再多的困难，比起你融不到钱、你的技术有不确定性、你的能力有缺失，都不重要。换言之，不是不重要，而是对客户来说不重要。你就想想客户的需求是什么，然后拼尽你的最后一口气满足客户的需求。一句话，客户的需求永远是第一位的。”

团队建设：万人操弓，共射一招，招无不中

公司经历了一次裁员后，锻炼出了一支更顽强的队伍。李腾辩

证地总结道："每次失败有好的地方、也有不好的地方。不好的地方在于士气可能受影响，好的地方在于锻炼了队伍。"

在没有任何资源、没有任何援兵，面临的全都是困难甚至绝望的情况下，仍旧能绝处逢生，这样的团队一定是无比强大的。经历裁员之后，公司的管理团队非常稳定，团队的凝聚力增强。李腾十分注重领导力在团队中的作用，他回忆说："真正的企业信奉什么样的价值观，其实是跟创始人有直接关系的，创始人信什么或者说想做什么，最终都会反映到公司里来。而价值观或文化对于公司的影响是具有决定性的。"

可以说，这种领导力并非公司某个人的领导力，而是公司中层的领导力。当公司发展到一定规模时，最高领导人不可能管理到所有人，这时，中层的领导力就显得尤为重要。

发展趋势：抱朴守拙，行稳致远

从总体上来看，公司目前已专注于做一种 PHA，这种 PHA 有若干个排号，这些排号基本上都能达到商业化的水平。最大的问题是产品的产量比较小。公司目前正致力于扩大产能，以满足更多的客户。好消息是，目前，公司已经实现了在保证产品性能的同时能保持比较低的成本。但是因为生物可降解材料处于供给非常不足的阶段，所以产品的价格还很高，因此公司现在还保有比较高的毛利。这种情况可能会持续 3 ～ 5 年，经过 5 年发展阶段后，公司的毛利可能会下降到 40% 左右。

对于公司未来的发展，清华 x-lab 前主任毛东辉老师认为："他们过去的这些历练，造就了一支敢打硬仗并能打胜的团队。未来在市场中可能会有更大的仗、更复杂的仗等着他们。不过经历了这些成长、锻炼，未来团队也一定能攻坚克难、再创辉煌。”

李腾对自身的发展也充满信心，他说：“在中国我们有完整的产业链和制造业，缺的就是技术创新。我们恰好补上了这个环节，之后我们会释放出巨大的潜力。”

师生共创：上下同欲者胜

提起清华 x-lab，李腾充满感激。在他看来，清华 x-lab 自始至终都给了团队和公司很大的帮助与支持。“从最开始融资，到我们开始设定公司的结构，比如管理架构，再到那些大客户关系的建立，都是通过清华 x-lab 实现的，也包括跟地方政府的很多合作。”在李腾看来，这些“红利”是清华的创业者所独享的。

在毛东辉老师看来，李腾以一个生命科技专业学生的身份投身 PHA 的产业化创业项目，是一项不可多得的创举。在这一过程中，他在很多方面都取得了非常大的进步和发展，比如说在商业思维上，他对用户、市场、投资、经营产品都有了更深刻的认识。并且，他对领导力、对团队的理解进一步加深，对市场、商业的本质也有了更深刻的理解。

事实上，这恰恰是清华 x-lab 作为一个创新创业教育平台所希望能带给大家的，带给这些想投身于创新创业事业的学生们。在做科研的时候需要的是技术思维、科学思维；而在做创新创业项目的时候，就需要有创新思维、商业思维。未来这些创业者还要做更多的决策、做更多的经营管理，还需要管理思维。

5.2.3 投资人点评：千磨万击还坚劲，任尔东西南北风

马 睿 峰瑞资本合伙人

对融资这一环节而言，作为蓝晶微生物的投资人，我认为，峰瑞资本和被投企业中有许多清华校友，峰瑞和创业 DNA 基金、清华 x-lab 共同投资过相当多的有清华背景的项目。

如果从科技创业这个角度来看，来清华大学考察项目可能是最正确的选择。清华团队给投资人的感觉永远是踏实务实、有能力，让投资人放心。项目不一定最亮眼，但创始人对项目一定要追求极致，而且遇到困难时一般都能够坚持。

“千磨万击还坚劲，任尔东西南北风”，这是我对清华大学的这些学生团队与清华系科创团队留下的印象。

5.3 华毚生物：3D 智造细胞建筑师

- 怎样发挥师生共创的优势？
- 怎样由在校研究生转型为企业创始人？
- 怎样把实验室的理论、技术转化成公司的产品？

5.3.1 项目简介及发展历程

北京华毚生物科技有限公司（以下简称华毚生物）成立于 2018 年 8 月。公司专注于打造原创 3D 细胞“智造”平台，并针对全球细胞产业发展痛点，提供基于 3D 微载体细胞规模化、定制化扩增工艺的整体解决方案。

基于 3D 微载体细胞培养技术，华毚生物进一步开发了 3D FloTrix 细胞大规模全自动化制备工艺系统。该系统囊括细胞培养生物反应器、细胞清洗收获和细胞外泌体富集等自动化仪器设备，以及干细胞培养基与细胞外泌体制剂等试剂耗材。可完成从细胞接种、细胞扩增、逐级放大、温和收获、清洗浓缩到制剂分装全流程，满足细胞药物、细胞衍生品、病毒以及蛋白的全封闭式规模化、智能化的生产制备。该系统在效率上的提升更是空前绝后，对比传统人工 2D 的细胞培养技术，华毚生物 3D 细胞规模化“智造”系统可帮助客户节省约 90% 的生产空间和人力、60% 的试剂耗材和时间成本。

华龛生物的产品与服务可广泛应用于基因与细胞治疗、细胞外囊泡、疫苗及蛋白产品等生产的上游工艺开发。同时，其在再生医学、类器官与食品科技（细胞培养肉等）领域也具有广泛的应用前景。

2021 年 4 月 15 日，根据美国 FDA 官网公示，华龛生物全球首款用于细胞药物生产制备以及再生治疗的“细胞用明胶微载片”完成了 DMF 药用辅料资质备案，同时也是美国 FDA 官网公示的 DMF 备案列表中唯一一款微载体产品。

在规模方面，华龛生物现拥有 3000 平方米的研发中心，4000 平方米的 GMP 生产平台，目前已获得 100 余项专利成果，并发布了 50 余篇国际期刊报道。公司的核心技术研发项目获得多项国家级立项支持与应用。公司已完成数亿元融资，由国内知名投资机构及国际产业集团共同投资。

公司发展历程：

2018 年 8 月，华龛生物成立。

2019 年年初，华龛生物获得天使轮投资。

2020 年年初，华龛生物完成了 A 轮融资。一些品牌基金，包括国外产业集团的战略投资为企业提供了未来发展战略上的帮助。

2021 年 2 月，华龛生物又完成了 A+ 轮融资。所有这些来自外部的支持，帮助公司走上了飞速发展的快车道。

2022 年 3 月，华龛生物完成近 3 亿元 B 轮融资，并加速推动 3D 细胞“智造”产业化。

5.3.2 创业故事：顶天还是立地，我们选择后者

华龛生物的成立源于华龛生物首席科学家、清华大学医学院终身教授、博士生导师杜亚楠经常教育学生的一句话：希望大家都能够成为两类人——顶天的人、立地的人。

所谓顶天，就是能够发表高水平的、有世界影响力的学术论文；而立地则是指可以将自己研发的技术或新的理论落地成为产品，甚至能够发展成为商品，并在投放市场后可以造福社会、造福人类。

从研究生入学开始，深受杜教授影响的刘伟就为自己选择了立地的大方向。

从最初只是实验中的想法，到开始发表各类论文，再到得到学术界的认可，最后通过清华 x-lab 进行产业应用孵化，刘伟和他的团队走完了知识产权成果转化的路径，并最终在 2018 年 8 月成立了华龛生物，真正实现了产学研用联动。

正因为华龛生物所有的技术和产品来源于清华大学的技术成果转化，而刘伟和他的团队成员大多是清华校友，所以华龛生物公司名称里的“华”字，指的就是致力于培养中国高层次人才、专注于科学技术研究的清华大学。

有这样一种说法，教育在科技成果转化方面发挥着重要的育才作用。高等教育的重点在于培养各类能推动科技成果转化的科技人才，并为科技进步贡献科技成果。而素质教育强调对人的能动性以及潜力的培养，这对科技成果转化具有巨大的推动作用。

刘伟团队的创业故事恰好完美地印证了这一观点。

创业想法从何而来

每当谈起创业想法，刘伟总是谦逊地说自己很幸运。因为他创业的想法，包括他和团队研究的课题，以及将课题发展成为产品的过程，都是在杜教授的实验室里从无到有、从小到大慢慢演变而来的。

当然，一个想法或课题的产生，也是基于当时他们对细分领域里基因与细胞治疗整个行业的发展，以及组织工程等领域的学术分析和讨论。在研究过程中，他们意识到，未来的与细胞药物相关的配套技术和配套产品比较匮乏，所以他们关于“细胞在体外 3D 微环境的仿生技术”的课题，有着非常大的应用价值与广阔前景。

另外，这项研究对于一些传统的药物开发，包括新冠疫情后的疫苗、抗体药物等都是非常重要的。这意味着在未来，生物医药在药物开发过程中的主导性会变得非常强。可惜，现在疫苗、抗体药物有很多关键的原辅料、仪器设备的专利技术都掌握在国外大的厂家或团队手中。可以说，药物开发过程中的生产环节或应用环节很难找到中国元素。

基于此，刘伟团队秉持着坚定的信念——希望在细胞药物这个新兴领域里，无论是药物开发过程中一些关键的材料、试剂，还是仪器设备、自动化的处理方案，能够加入中国元素。

说起来容易做起来难。

细胞在我们体内微环境里时，能够很好地维持状态、生命力和功能。可一旦细胞被提取出来，脱离了这种微环境，就无法存活下去。这时候，科学家就需要利用生物材料学、细胞生物学，以及微加工技术等，给细胞设计一个微米级别的“蜂巢”式的产品。这个定制化设计的“蜂巢”式的产品与人体内微环境非常相似，相当于给细胞在体外建了一个巢，让这些细胞在体外的巢里繁殖生长，以保持较高的活性，维持其本身的功能。

刘伟团队结合自动化的处理方案，包括仪器设备、现有平台技术等，开发出一系列拥有自动化生产工艺的仪器设备，利用这些仪器设备。加上关键的“蜂巢”技术，使得细胞在体外有很好的培养环境，可以实现规模化的生产制造。从而，让这些细胞在达到高级别数量的基础上能够更好地保证质量，满足药物开发的需求。

这便是 3D 细胞大规模扩张技术。得益于此技术，干细胞在市场上的应用越来越广泛。比如人可通过注射干细胞来调节身体的免疫力。干细胞还可以运用到再生治疗领域中，比如说让血管新生、软骨再生等，或者是让具有分化潜能的干细胞替代人体衰老的、受损的细胞，从而修复人体组织。这些都是目前干细胞研究的热门方向，具有非常广阔的市场前景与社会价值。

那么，前景如此广阔的创业想法，需要怎样的团队去落地实施呢?

创业团队如何搭建

搭建创业团队是重中之重，因为想要创业成功，最关键的因素是要找到合适的人才。而找到有能力、有意愿顶天或立地的人才并不容易，尤其是擅长做成果转化的立地人才更加难得。

对于团队中有刘伟和鄢晓君博士这样的成员，杜亚楠教授也直呼幸运。

杜教授坦言，刘伟和鄢晓君博士的学术研究做得很不错，都发表了高水平的论文，并获得过多种国际奖项。难能可贵的是，他们还在经管学院和清华 x-lab，学习了企业经营管理方面的课程。

杜教授还补充道："我支持他们利用课余时间进行商业化思维的训练，我们实验室的文化就是给同学们自由，只要他们能够达到清华的标准，又有意愿去从事立地方面工作的话，我们就会给予他们支持。这也是源于清华大学培养个性化人才的理念。像刘伟和鄢晓君两位博士身上具备我们需要的能力，而他们也能抓住这次机遇。这对于我们双方而言，无疑是幸运的。"

确实，一个由师生共同组建的初创团队，队伍中 3 位主要成员相互契合是很难得的。在很多类似的创业项目中，都会面临着人才匮乏的双重困境：老师往往找不到合适的人担任 CEO，一直在选；同学也苦于得不到老师的青睐，一直在等。

对于这 3 人主导的团队，这里着重介绍公司的 CEO 刘伟。

刘伟，清华大学医学院博士、博士后，国家奖学金获得者，北京市优秀毕业生，细胞规模化"智造"及微组织再生治疗新药的主要发明人，拥有 10 年以上的细胞与生物材料的研发经验。

作为创业公司的创始人，最重要的品质就是具备企业家精神，能够做从 0 到 1、从无到有的开创性工作。刘伟从入学起就显得非常主动，包括博士申请都是他主动联系杜亚楠教授的。他跟很多同龄人不一样，从一开始就知道自己想要什么。当技术开发到一定程度后，他明确地表达了想做转化的意愿。这让杜教授看到了他身上的潜力，并决定给予支持。

刘伟除了学术上比较出色以外，综合能力也非常出众。杜教授透露，其实在正式运作华龛生物之前，杜教授就安排刘伟去主导一个单独的项目。刘伟不负所望，做得非常好。可以说，不论是组织还是管理，刘伟各方面都表现得无可挑剔。

这让杜教授觉得刘伟非常务实，是可以充分信任的，于是便放手让他去创业。刘伟在接手华龛生物的时候，已经不是一张白纸，而是在各方面已经积累了相当多的经验。

能力强、凡事主动，这两点对于初创企业的团队成员来说，是极其重要的。

按照以往的成功经验来看，组建初创团队，创始人学生人数控制在 2 个比较好。3 个人如果都是学生，可能会容易产生分歧，出现一些问题。如果只有 2 个学生，他们一个主外、一个主内，一个偏营销、一个偏技术，这种搭配是比较好的。

而华龛生物团队的搭配就满足了这一点。

华龛生物团队另一位核心成员鄢晓君是新加坡人，作为清华大学医学院博士、启航奖获得者，她主要研究的领域为细胞三维培养、组织工程及药物筛选。

鄢晓君是一位学术上非常严谨且追求极致的同学，而刘伟则是一位能力全面、性格外向，善于跟人打交道的同学，他们的性格形成了完美的互补。杜教授慧眼独具，觉得他们两个在一起能干大事。

杜教授在前期帮助他们把班子搭建起来，并把技术转移到了公司里面。从项目启动至今，杜教授对团队十分信任，并充分放权。公司主要由刘伟和鄢晓君两位博士来运营。杜教授则负责技术的迭代与深挖。

相互配合，充分授权，这是初创团队可以获得成功的关键所在。但在公司发展过程中，还是不可避免地遇到了一些困难与波折。

创业难关如何渡过

把一项技术变成一个产品，这个过程跟原先在学校做研究性工作很不一样，包括思路、战略都有比较大的区别。前者是以客户为导向，对产品做优化和设计研发；而后者则是以发表论文、解决学术问题为导向的研究。

华龛生物团队成员是从清华实验室走出来的，大多是年轻的学生，都没有实际工作经验。刚刚从学校出来就去创业，相关的经验会比较欠缺，遇到问题，尤其是团队管理的问题、沟通的问题，大家只能摸索着去解决。这些跟在校园里、实验室里遇到的问题不一样，解决问题的方法也不一样。

在公司经营的具体问题上，作为年轻的师生共创团队，或多或少会存在一些分歧。如何管控分歧，这也是摆在团队面前的一道难题。

为了解决这些问题，刘伟设计了一套决策模式。

公司在整体运营管理方面，是以刘伟和鄢晓君的团队以及董事会的整体决策为主。对于技术方面的问题，包括新产品的研发方向、行业的资源对接，他们会更多地征求杜教授的意见。当大家分歧比较大的时候，则用民主的办法进行表决，少数服从多数。

当然，这里还有一个原则，就是大家都会本着把事情做好为出发点，只针对事情本身提出意见和想法。在这样的基础上，团队成员之间就不太容易产生负面情绪。况且，杜教授作为两人的老师，在出现问题的时候，他会作为黏合剂，团结大家，为大家指引和把控方向。杜教授的表态在管控团队分歧上便成为非常关键的一环。

都说成功讲究天时、地利、人和，正是由于杜教授的引领，华龛生物团队在“人和”方面做得很成功。但在“天时”方面，华龛生物却遇到了不小的麻烦。

2019 年 12 月，席卷全球的新冠疫情暴发。华龛生物受此影响，一些产品的市场推广计划被迫延期。但中国有句古话叫作“塞翁失马，焉知非福”。也恰恰因为受疫情的影响，公司团队正好关起门来潜心研究，反而能更好地打磨自身的技术和产品。华龛生物的“细胞用明胶微载片”完成了 DMF 药用辅料资质备案，同时也是美国 FDA 官网公示的 DMF 备案列表中唯一一款微载体产品。

这也证明了华龛生物技术的原创性和领先性。有了这个资质，华龛生物才能真正将这个微载体产品培养出来的细胞用作药物开发。这是最为关键的一步，也是以前所有相关技术均不具备的。

从目前整个行业的国际形势来看，美国、新加坡、以色列等国家都在加紧布局生物“智造”，他们还专门成立了生物“智造”中心，其核心的瓶颈技术正是华龛生物在做的事情。因为华龛生物在 2020 年年初得到了 FDA 的认证，所以国外很多机构开始联系他们，尝试进行合作。在细胞药物这个新兴领域里，华龛生物通过自己的努力在其中加入了中国元素，这不得不说是中国的骄傲，也是清华的骄傲。现在细胞药物这个赛道已经形成，虽然目前华龛生物处于领先地位，但后面还会有更多竞争者加入。

对此，刘伟和他的团队表示，未来他们会不断创新、提效降本、攻坚克难，把竞争压力化为前进的动力，并结合他们自己的技术特色，去做更多复合型药物的开发，在生物“智造”领域不断地做大做强。力争有朝一日，华龛生物能开启生物医药领域的产业化未来，并实现以科技创新技术改变生物医药领域的宏伟愿景。

5.3.3 投资人点评

陈洪武　国科嘉和（北京）投资管理有限公司执行合伙人

投资华龛生物是国科嘉和早期布局的一个重要项目。我们遇到华龛生物时，他们已经在国内外各大创业比赛中崭露头角并小有名气。但由于其技术是全球首创，市场端的验证还需要时间，这让很多投资人望而却步。通过前期的接触和交流，国科嘉和对华龛生物，无论是技术研发能力、产业发展方向、市场前景还是团队执行力都十分认可，可谓“相识于微时”。

华龛生物能取得今天的突破实属不易。作为一家脱胎于清华大学实验室，真正依靠科技创新驱动的企业，公司不断开发全球领先的中国原创产品，解决了产业实际问题，正在成为细胞药物产业及衍生生物制品生产制备供应链的核心企业。

国科嘉和是华夔生物最早的同行者和投资人，我们有幸与华夔生物创业团队一起爬坡、过坎，见证他们不断走向卓越，参与并助力华夔生物创业团队实现他们的梦想。我们坚信，华夔生物一定能在细胞药物的广阔市场中建立自己的伟业！国科嘉和将继续支持和陪伴华夔生物成长壮大！

清华 x-lab 案例课

第 6 章

师生共创模式总结

- 师生共创团队类型
- 师生共创模式的优势与挑战
- 清华 x-lab 赋能师生共创的成果

6.1 师生共创团队类型

师生共创是一种以新设企业的方式进行科技成果转化的模式，但它的作用却不仅限于科技成果转化本身。从某种意义上讲，师生共创是增进产学研用的合作，以促进大学制度体系的变革。无独有偶，在拜杜法案出台之前，美国大学内部也经历过由科学思维与商业思维差异带来的思想冲突。对于大学，除了教育与科研之外，是否应该承担技术商业化、创造社会影响力、促进区域经济发展等责任问题至今仍存在争议（Freel 等，2019；李晓华等，2020）。自 20 世纪末开始，我国政府大力推动创新，大学被赋予了促进国家创新生态系统建设的重大使命。与此同时，世界各国大学也纷纷开始从研究型大学向创业型大学转型。比如美国麻省理工学院和加州大学作为创业型大学的代表，它们所贡献的专利数量一直处于教育界的前列，在创新生态系统中亦扮演着重要角色。

在这个意义上，受不同国家制度环境和经济发展水平的影响，创业型大学在世界各国知名高校内被接纳的程度表现出显著差异。研究表明，科学研究的公有逻辑与商业运营的私有逻辑是大学转型过程中遇到的最大挑战（Sauermann & Stephan，2013；李纪珍等，2020）。这一制度层面的挑战向下变化为科研人员与产业人员思维逻辑上的冲突。政府、大学和企业是三螺旋理论模型中的核心参与主体，也是实现科技成果转化的主力军。然而，不同参与主体从事科技成果转化的出发点却存在显著的差异。比如，科研人员从事科技成果转化的目标，可能是将沉睡在实验室中的技术转化为能够走进千家万户的产品，促进国家自主创新能力的提升；而企业参与科技成果转化的“功利属性”更强，它们期待通过技术实现降本增效，以服务于企业的发展。表 6.1 总结了两类参与主体在进行科技成果转化中的动机差异。

表 6.1　科研人员与产业人员从事科技成果转化的动机差异

类别	动机
科研人员	回报社会，强调公益性； 增加社会影响力，在产业界扩大个人影响力； 希望技术转化为实际生产力
产业人员	创造新的产品或新的服务模式，创办成功的企业； 解决行业痛点或占据蓝海市场； 通过匹配能解决问题的技术，获取商业利润

在大学和企业的目标、价值观和行为规则存在巨大差异的前提下，如何实现两者在思维上的统一成为解决科技成果转化难题的重中之重。以美国高校为代表，大学通过设立知识产权办公室进行科技成果转化成为经典模式。然而，这一模式在欧洲、日本、中国的以公办大学为主的制度体系下遇到了挑战。其原因恰恰在于，美国的大学多以私立大学为主，它们在成立之初就与产业界保持着密切关系（Lehrer & Asakawa，2004）。比如美国大学的捐赠文化，以及围绕斯坦福大学和麻省理工学院的科技园建设等，都为大学和企业之间的合作铺平了道路。反观以政府公有资本资助的大学，公有逻

辑和私有逻辑间的冲突从未停止过。我国的大学也是以公立大学为主，因而在从研究型大学向创业型大学的转型过程中也面临诸多困难。

随着我国一系列促进科技成果转化的法律法规的出台，高校也在做进一步创新性的探索。“师生共创”就是清华 x-lab 探索出的一种缓解科学思维和商业思维冲突的科技成果转化模式。这种模式的优点在于，在科学思维和商业思维存在逻辑冲突的前提下，可以通过“师”与“生”之间的信任关系，形成团队凝聚力，让相互冲突的两种逻辑在信任的纽带下实现兼容，甚至衍生出新的组织形态和管理模式。

同时，师生共创模式有助于促进大学的转型。任何一项制度的变迁都不是一蹴而就的，尽管我国出台了一系列政策来促进科技成果转化，但都是一种自上而下的战略推动。要想调动底层参与者的积极性，转变其思想是其中重要的一环。师生共创就是一种激发个体参与者从事科技成果转化的催化剂。在组建团队过程中，师与生能够就技术商业化的方式以及技术发展的可持续性进行讨论。双方的思想在一开始也许会出现极大的冲突，但随着时间的推移，以及对企业发展成败的总结，师与生都将对科学研究和商业运营的理念进行重新思考。重新思考能实现思想的汇聚与融合，科学研究的公益性和商业运营的逐利性也将实现交融，最终以自下而上的方式促进大学制度体系的革新。

总结前面章节提到的 12 个师生共创案例，根据团队成员的差异，师生共创团队可以分为三种类型：老师主导型、学生主导型和师生共同主导型。师生共创企业简介，如表 6.2 所示。老师主导型是指创业想法来源于老师，创业的主要目的是实现科技成果的转化。这种形式的创业大多是有计划地创业（Steffensen 等，2000），即在大学科技成果转化政策或孵化器的激励下开始创业。学生主导型是指创业想法来源于学生，相较于老师主导型创业团队，该类型的创业多为主动型，通常是学生发现产业界尚未解决的问题或尚未被满足的需求，正好与其所在实验室研发的技术对应。师生共同主导型是指创业想法由老师和学生共同讨论产生，两者在创业初期共同确认并推动了创业想法的完善。

表 6.2　师生共创企业简介

序号	企业名称	成立时间	所在领域	模式	CEO 是否有工作经验
1	北京清航紫荆装备科技有限公司	2015/10/28	高端装备	学生主导	否
2	北京极智嘉科技股份有限公司	2015/2/3	高端装备	师生共同主导	是
3	北京清泰科新能源技术有限责任公司	2018/2/9	高端装备	学生主导	是
4	北京博鹰通航科技有限公司	2015/2/10	高端装备	学生主导	是
5	北京昇科能源科技有限责任公司	2019/7/26	先进制造	学生主导	否
6	北京超星未来科技有限公司	2019/4/10	先进制造	学生主导	是

续表

序号	企业名称	成立时间	所在领域	模式	CEO 是否有工作经验
7	弘润清源（北京）科技有限责任公司	2020/6/19	先进制造	学生主导	否
8	每刻深思智能科技（北京）有限责任公司	2020/4/9	新一代信息技术	师生共同主导	否
9	优镓科技（北京）有限公司	2019/10/28	新一代信息技术	老师主导	否
10	北京与光科技有限公司	2020/9/21	新一代信息技术	老师主导	是
11	北京蓝晶微生物科技有限公司	2016/10/28	生物科技	学生主导	否
12	北京华龛生物科技有限公司	2018/8/6	生物科技	师生共同主导	否

区分三种类型创业团队的主要依据是老师与学生在团队中的分工和参与程度。两者在对技术与市场的侧重、与大学联系的紧密度、团队的分工、企业的发展速度上存在显著差异。三种师生共创模式的比较，详见表 6.3。接下来我们分别对三种模式展开详细论述。

表 6.3　三种师生共创模式的比较

	老师主导型	学生主导型	师生共同主导型
技术与市场的侧重	重视技术研发	重视市场需求	技术与市场平衡

续表

	老师主导型	学生主导型	师生共同主导型
与大学联系的紧密度	高	低	中
分工是否明确	否	是	是
企业发展速度	慢	快	较快

6.1.1 老师主导型团队

师生共创模式的不同，恰恰反映了不同成员所承担的角色差异。大学老师的创业行为已经在学术界引起了广泛的关注，但由于老师本属于大学的员工，参与创业可能会影响教学工作，因而他们的行为通常受到大学制度体系的约束。比如，美国斯坦福大学和麻省理工学院对老师在外兼职的时长作了明确的规定。在埃茨科瓦茨的三螺旋模型中提出，大学、企业和政府是国家创新体系建设的关键主体，大学不仅承担着教书育人的责任，还承担着服务区域经济发展、繁荣国家创新生态系统的社会责任(李晓华等, 2020)。因此，很多大学允许老师在外兼职，以达到服务社会、创造产业影响力的目的。与之类似，清华大学也对老师在校外兼职进行了制度性约束，要求老师不可以担任企业“实职”，即不能承担与企业日常运营有关的工作，但可以担任首席科学家、顾问、董事等不需要投入过多时间与精力的职务。

在大学规章制度的约束下，老师主导型的创业意味着企业发展更偏向科学研究，因为很多老师主导型的企业组织架构与大学实验室类似，即组织结构相对松散，并且重视技术创新。比如，优镓科技和与光科技属于老师主导型的企业，两个企业都是清华大学电子工程系芯片方向的科技成果转化项目。优稼科技专注于 5G 通信的氮化镓功放芯片设计，而与光科技研发的快照式 CMOS 超光谱成像芯片则处于世界领先水平。两个企业采用了不同的技术路径来弥补我国在芯片领域自主技术匮乏的劣势。比如，优镓科技的创始人黄飞在谈到技术的应用场景时说："我们目前聚焦于大家关注度比较高的 5G 应用场景。我们用在学校里积累了十几年的高精尖技术，来满足面向 5G 的、高端性能的需求。"由于国内企业在芯片研发上存在技术瓶颈，所以通过产学研用的紧密合作来促进科技自主创新成为必经之路。与其他初创企业相比，老师主导型的企业在技术新颖性和创新性方面表现出色，与大学互动更加频繁。

从某种程度上讲，老师主导型的创业更容易实现产学研用在资金支持和知识迭代上的良性循环。20 世纪末，美国的大学开始从研究型向创业型转型，欧洲大学紧随其后，其背后隐喻着大学的科技成果越来越专有化，并被冠以"象牙塔"的标签。科技成果转化不仅是国家创新战略的一部分，也是大学扩大社会影响力的一种方式。以创业方式进行科技成果转化，打通了大学与企业之间信息互换的通道，而科研知识与市场知识的接轨，不仅使大学的科学研究赋能企业，也将更多鲜活的实践知识输送到学校，从而促进科学研究从封闭式向开放式的转变。这一流通机制促进了双方的信息交互，避免了"空中楼阁"式的科学研究。在这一过程中，老师主导型团队的优势是团队具有长周期的科研积累，在遇到实际问题时能快速匹配最先进的科学技术，也能发现尚未解决的科学难题，这反向促进了关键领域中的技术突破。

但这类团队也会遇到一些难题。第一个问题就是大学实验室的技术难以“落地”，技术先进性较高但稳定性不足。其主要原因是，实验室技术假设了很多理想条件，因此技术在向市场转移时首先遇到的难点就是怎样实现产品化。产品化不仅意味着实验室技术研发时的理想条件需要放宽，也意味着成本需要降低。因为技术在实验室研发阶段通常是不计成本的，而产品化意味着价格应该控制在用户能够接受的范围内。在这个过程中，团队会遇到第二个问题，即如何远离技术思维去定义产品，真正实现从客户痛点需求的视角来设计产品结构，以避免科研思维中的只关注技术而忽视需求的弊端。

6.1.2 学生主导型团队

在学生主导型团队中分工相对明确，老师负责技术研发，学生负责技术商业化。相较于老师主导型的团队，学生投入到企业的精力更多，老师则承担技术指导或技术咨询服务，较少介入实际运营。以“学生”的类型为依据，学生主导型创业团队又可以分为两类。

一类是老师所在实验室的博士后、博士生或研究生担任企业CEO，典型的例子是昇科能源、清航装备和蓝晶微生物。这些CEO都拥有所在实验室的科研经历，对所转移的技术能实现的功能、能解决的问题有着深刻的理解。然而，对技术的深刻理解可能带有“认知惰性”，即习惯于从技术的视角设计产品。甚至是在规划企业战略时，容易产生初创企业惰性（Zuzul & Tripsas, 2020）。因而，这类企业在发展初期会出现较长时间的“蛰伏期”，主要用来探索技术最适合的应用场景。在现实中，很多企业由于过度关注开发“大而全”的技术，反而忽视了客户需求，最终因为无法找到与技术匹配的“最优场景”而宣告失败。正如一位创始人所言，技术与场景的匹配虽然能使企业成功 50%，但找到技术最适合的应用场景并不能带来竞争优势，因为潜在竞争对手会迅速切入该领域并进行模仿。因此，企业在初创阶段需要不断试错，并关注技术与市场的匹配。

另一类是学生主导型的创业团队，“学生”不隶属于老师所在的实验室，但因授课、学业指导或技术咨询而产生名义上的师生关系。在这类团队中，老师参与企业运营的程度进一步降低，主要围绕科技成果授权或转让来建立关系。典型的案例企业包括超星未来、博鹰通航和极智嘉。其中，超星未来是由来自清华大学汽车与运载学院、电子工程系、精密仪器系等交叉学科院系的几位老师共同参与技术咨询、指导或研发，企业的核心创始团队则来自产业界有工作经验的管理者、投资人和研发工程师等。这类企业是以校企共同新设企业的方式进行科技成果转化，其产品开发的速度、获得融资的概率比其他师生共创团队表现更优异。原因是，在这类企业中“学生”都有工作经验，对用户痛点和需求的敏感性更高。但这类团队也存在缺点，他们对技术理解的深度不够，在找到痛点问题后无法确定某一技术是否能解决该问题。从这个视角看，这种类型的团队也存在技术与市场匹配的难题。两类学生主导型创业团队实现技术与市场的匹配过程存在差异。两种不同技术与市场的匹配方式，如图 6.1 所示。图 6.1 的左图显示了市场导向的匹配方式，其重点是注重满足用户需求；右图显示了技术导向的匹配方式。

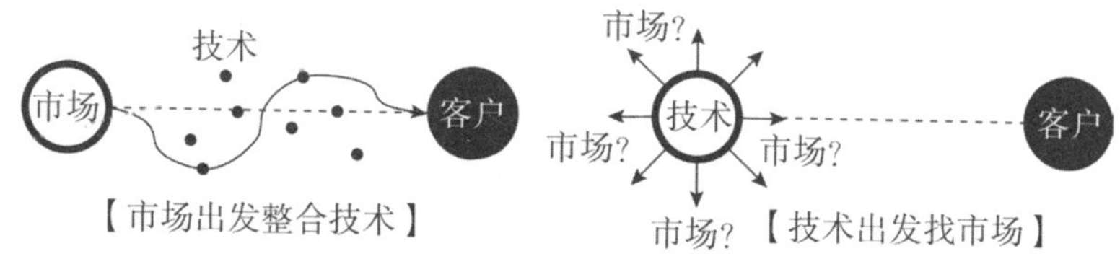

图 6.1　两种不同技术与市场的匹配方式

在实践中，师生共创团队可能会经历从技术导向到市场导向的转型。比如，蓝晶微生物就曾经历了这样的转变。创立之初，蓝晶微生物深耕合成生物领域，致力于通过开发新的菌种以降低行业主流技术路径的开发成本。但在发展过程中意识到，技术的发展是服务客户需求的，而非颠覆行业技术。因为一项新技术在市场中应用的前提是与该技术相关的基础设施建设要相对完善。否则，客户替代原有技术的高昂成本将阻碍新技术的推广与应用。在意识到这一点之后，蓝晶微生物回归了行业主赛道，将新技术作为企业储备技术，并采用相对成熟的行业主流技术与同行展开竞争，目前已经在合成生物学领域占领了一席之地。

6.1.3　师生共同主导型团队

在师生共同主导型团队中，老师和学生分工明确，并以合伙人的身份共同推动企业发展。这种类型的团队多出现在发展周期较长的行业，因为在这类行业中，风险投资机构对基础技术向应用技术转变部分的资金支持相对匮乏。与学生相比，老师在学术界累积的声望往往可以赋能到企业当中，以促进社会大众对企业的接受度，进而推动技术应用和企业发展。典型的案例企业包括每刻深思和华毚生物。比如，华毚生物团队就是由来自同一实验室的老师和学生组成的，且业务属于医药行业。相较于其他行业，医药行业的产品开发需要经过资质审核、动物实验、临床试验等一系列烦琐的流程，产品生产周期较长，但技术应用场景较为明确。前两种团队无须经历漫长的试错性探索，但面临长周期的产品研发。在师生共同主导型团队中，老师的学术论文发表和项目的参与程度为获得投资人和客户的认可提供了支持，对于早期缺乏资源的创业企业尤为必要。同时，后续技术的研发也高度依赖于实验室，业务的高度关联也让这样的团队中师生更容易形成平等的伙伴关系。

虽然每刻深思的创业经历与华毚生物有较大的不同，但两个创业团队都有开放的心态，并有相同的愿景。两者背景的相似性让企业决策更加客观。每刻深思的创始人邹天琦与乔飞老师都曾有过海外经历，认知和思维相对统一。同时，他们都有包容和好学的心态，乔飞老师对于自己不熟悉的创业始终报以初学者的态度。邹天琦的科研经历也让其对大学的科学研究始终报以敬畏之心，两者互相理解对方的事业，这也奠定了合作的坚实基础。因此，师生共同主导型的创业团队在技术与市场的匹配上更容易达成一致的意见。

师生共同主导型企业的发展速度相对较快，原因是和谐的团队氛围与团队合作为企业的发展奠定了基础。同时，师生共同主导型团队成员间紧密的信任关系和一致的认知模式，减少了成员由于理念不同而导致的冲突与矛盾，这有助于提升企业的发展速度。

6.2　师生共创模式的优势与挑战

6.2.1　师生共创模式的优势

师生共创构建了一种新型生产关系

师生共创构建了一种促进科技成果转化的新型生产关系。以欧美等发达国家为例，在科技成果转化时他们一般采用直接转化的模式。而中国作为新兴经济体，在产学研用生态体系尚不完善的情境下，科技成果转化举步维艰。其中，以新创企业的方式进行科技成果转化的难度尤其大，原因在于，这类企业在将实验室研究技术转化为产品的过程中，面临着应用技术缺位的问题。而师生共创模式是通过“师”与“生”架起了产学研用中“产”与“学”的桥梁，有效解决了应用技术缺位的难题。

具体而言，相较于其他科技成果转化模式，师生共创让企业天然携带了大学的基因，并将大学的优势资源整合起来以培育新技术得以繁荣的基础生态。师生共创模式对于不同技术的培育作用是有所差别的。我们将转化的技术分为两类，一类是颠覆性技术，另一类是应用性技术。对于颠覆性技术而言，师生共创模式在新兴国家创新生态体系尚不完善的情况下，提供了一种直接转化的通道。目前，加强自主创新能力建设是我国创新战略中的关键部分，但由于企业是利润导向的组织，偏重应用研究，从而缺乏提升颠覆性技术创新能力的动力。因此大学和科研院所作为科学研究的主体，应该进一步转而成为技术“追赶者”的关键主体。与其他创业团队相比，师生共创团队成员对于某一项颠覆性技术的演进历史和技术特点有着深刻的认识，更容易取得技术在关键领域的突破。以创业的形式对颠覆性技术进行商业化应用也营造了某一项技术繁荣的土壤，因为这一过程是科学研究与实际应用综合作用下的成果，并赋予了实验室技术新的生命力，促进了知识在产学研用之间的流动，有助于技术创新。

比如，与光科技就是依靠颠覆性技术进行创新的典型代表，该团队研发的 CMOS 超光谱成像芯片是清华大学电子工程系三代师生共同开发的成果。该技术在应用转化过程中因其新颖的技术路线，满足了国内外巨头企业通过新技术的使用获取竞争优势的需求，因此得到了华为等公司的支持。自公司成立之后，与光科技就联合投资人、巨头企业等做了大量培育市场的工作，向用户普及光谱芯片的知识和应用场景。随着上下游产业链的打通和公众对光谱芯片了解程度的提升，与光科技迎来了发展的春天。值得一提的是，师生共创团队是推动公众逐步接受该技术的重要力量。清华大学作为与光科技的“母体”，为企业实施颠覆性技术创新进行了背书，增强了投资人和用户对企业所研发技术的信心。如果没有师生共创团队与大学的紧密联系以及几代人的科研积累，颠覆性创新技术研发成功的可能性将会大幅降低。

另一类师生共创团队转化的技术为应用性技术。顾名思义，应用性技术创新更偏向于应用，技术的新颖性和创新度相对较低。关注该类技术的组织多是学生主导型的师生共创团队，侧重效率提升型的价值创造，以达到重塑产业竞争格局的目的。该类技术的突破点是寻找到产业当中新的应用场景，以及拓宽技术的使用情境。比如，以人工智能为主的技术创新多为增量式创新，为现有企业提供降本增效的服务或产品。例如极智嘉就是通过开发不同类型的智能机器人，大大减少了物流企业的分拣、搬运和仓储成本。

师生共创开启了教学实践新路径

师生共创打破了大学传统的教学模式，在保留现有教学模式优势的前提下，也弥补了现有教育体系的不足。正如华夔生物的首席科学家杜亚楠教授所坚信的理念，要培养学生能够“顶天”和“立地”。同时，师生共创也以一种新的方式推动着大学的转型。建立创业型大学于 1990 年率先在美国被倡导，随后风靡欧洲。以创业的方式建立国家创新生态系统越来越得到世界各国大学的认同，我国也在 2015 年提出了“大众创业，万众创新”的口号。与之对应的是，我国在 2015 年 8 月修订了《中华人民共和国促进科技成果转化法》，以赋予大学更多处置科技成果的权利。师生共创作为创新热潮下的一种新形式，除了在国家创新体系中发挥作用外，也推动了大学的改革。清华大学在《中华人民共和国促进科技成果转化法》修订的当年就出台了校级的相关规章制度，以鼓励成果转化。此后，科研体系和工程教育的创新也逐步提上日程并落实到不同院系。例如，清华大学电子工程系与天津电子信息研究院共同合作，制定了工程硕士培养的细节方案，完善了人才培养体系。

正如很多产业界人士所描述的那样，创业思维与科研思维是两种不同的思维方式。以大学老师为主体的创业更偏向科研思维，但对科研思维的过度强调则可能带来企业发展失衡。师生共创模式以“学生”作为接触产业前沿知识的触角，促进了大学和产业的信息交互，也慢慢改变着整个大学内部的认知体系，为更好地促进大学转型起到了积极的作用。

6.2.2 师生共创模式遇到的挑战

从宏观层面上讲，师生共创模式对于科技成果转化和大学转型起到了关键促进作用。但从师生共创团队本身运作逻辑的视角来看，这种模式也存在一些有待讨论的难题。

谁来主导？所有权与经营权的问题

与科技成果转化遇到的难题类似，师生共创直面的第一个难题就是如何达成学术层面与产业层面的共识。这一问题在企业创立之初没有明显的影响，但随着企业的不断成长，以老师为代表的科研思维和以学生为代表的市场思维之间的认知冲突愈加突出。考虑到企业的资源供给，大部分师生共创项目在创业初期都是老师主导的。相较于学生，他们有更深厚的科学研究积累，也拥有更多的社会资源。正如大部分师生共创团队所提到的那样，老师在创业初期起着关键的作用，他们赋予企业从事某项技术商业化的正当性，并能帮助团队对接科研资源和政府资源。这些对企业的快速启动不可或缺。但是，随着企业从原始的技术想法阶段到原型产品阶段的过渡，市场思维超越了科研思维，成为主宰企业运营的核心逻辑。在接触最为紧密的各类参与者中，学生的思维更偏向于市场化。但这一思维很难同步传导给老师，一方面是因为很多老师不直接参与企业运营，接触市场思维较少，受其影响自然相对较少；另一方面是老师从事科学研究的时间比学生要长，容易产生认知惰性，从科研思维向市场思维转变的难度更大一些。

思维冲突将造成企业决策困难，注重科研还是注重市场拓展成为大部分师生共创团队面临的难题。尤其是技术来自老师所在的研发团队时，这种冲突更加明显。此时，作为技术的拥有者，老师享有所有权；学生则更像是成熟企业运营体制下的代理人，承担着企业的日常运营。从理论上讲，所有权与经营权的分离促进了专业化分工，提升了管理效率。但在很多师生共创团队中，享有所有权的老师在不具有决策权的职位上时（首席科学家或顾问），还试图掌控经营权，这导致拥有决策权的 CEO 无法自主做出决策，造成企业决策缓慢或做出错误的决策。从长远来看，这样的组织决策机制不利于企业的可持续发展。

当然，也有不少老师在一开始就意识到了该问题的严重性，自愿放权，将经营权交给负责实际运营业务的学生处理。比如，华龛生物的杜亚楠老师谈道:“想真正让同学们成长起来，让他们真正成为企业家，最终一定要以学生为主。如果以老师为主的话，对于学生的成长，包括对于公司的成长，在很多情况下不是最有利的。毕竟老师有教学科研的任务，还有一些行政的任务，这个才是我主要的角色。”

谁来主持？确定 CEO 人选难

师生共创团队的另一项难题就是确定 CEO 人选。很多学生没有产业工作经历，企业管理能力、市场洞察能力等相对匮乏，因此在师生共创团队中很多时候是缺少最佳 CEO 人选的。师生共创中的“生”在企业创立之初大多承担着首席技术官（CTO）的工作职责，同时团队也在不断寻觅适合的 CEO 加入。大学的科技成果通常领先市场 5 ～ 10 年，甚至更长时间，市场上缺乏既懂大学实验室技术，又了解产业需求和具备管理能力的 CEO。这导致在很多老师主导型的创业团队中，CEO 都采取内部培养的方式获得，而能够有潜力成长为企业 CEO 的“生”，对于老师而言是可遇不可求的。这导致很多实验室储备的具有发展潜力的技术，由于缺少创业合伙人进行转化而陷入困境。一种合适的方式是，启用具备产业经验且曾经参与过某项技术研发的研究生或博士生。比如，与光科技的 CEO 王宇就曾参与过企业当前正在转化的光谱芯片技术的研发，并在产业界拥有 5 年以上的工作经验，他对导师所在实验室的技术有深刻的理解，最后成为 CEO 的最佳人选。

6.3 清华 x-lab 赋能师生共创的成果

郝秀清 清华 x-lab 主任

6.3.1 学校赋能科技成果转化的过程形式

清华 x-lab 作为一个由清华大学经济管理学院发起成立的创新创业教育平台，主要是通过教育的形式赋能师生共创项目。在其赋能的项目中，多以技术类项目为主。清华 x-lab 自 2013 年成立以来，一直致力于服务创业团队，通过校内创业教育公开课、创业大赛、企业参访交流等多种形式，来提升创业团队的商业意识和创业能力。图 6.2 按投资阶段展示了清华 x-lab 培育和辅导过的创业项目。

清华 x-lab 通过“三创”教育课程体系设计致力于培养具备卓越竞争力（领导力、创造力、思考力和行动力）的创新、创业、创造型人才。图 6.3 展示了清华 x-lab“三创”教育课程体系。该教育体系已深植于校园，以引导学生思考真正具备社会实践意义、创造社会影响力的重大社会问题，并通过创业大赛和“赛课结合”的教学模式来提升创业者的综合能力。该教育体系还转变了创业者的思维模式，使其从市场需求端而非技术或知识供给端的视角，重新

处在该阶段的项目

种子/天使	Pre–A轮	A/A+ A++轮	B/B+ B++轮	C/D轮/ 战役	潜在独角兽	独角兽（2023）	并购/退出
元信号、奥兹智能、华梓生物、图形起源、信远康源、工业品大狗商城、南极熊、寰影文化、水木快车、思创合璞、智慧云端、恒爱高科、挚行电子、华梓科技、弘润清源、昊一航空、思能创智、华力中检、狒特科技、才易科技、动视科技、毛豆教育、月牙、要好题、鼎木清源、奥本未来、融多易、易净星、斑马社、全盛科技、小砖科技、发飏智能……	阿卡索生物、基流科技、蓑源科技、光合未来、优学猫、灵犀云、优解未来、每刻深思、他山科技、优稼科技、爱克精医、凌上科技、原点智汇、咖趣科技、罗马金服、佳固士防水、拉酷、兜子科技、健康杨帆、网智启迪、青云互帮、气凝胶保温材料、随行科技……	衍微科技、链宇科技、嘉华药锐、材华科技、氦铂科技、联智科技、拓领博泰、精诊医疗、玮航科技、冰河物语、Deep Music、悉之智能、众清科技、清正源华、腾客科技、复朗施纳米材料、侣程科技、订单兔、贝麦克斯、寻球科技、积木云、匙悟科技、洛伦兹、米公益、恩启教育、小白世纪、医互保、孕橙、青橙创客、关茶、爱康泰、世康怡生、紫晶立方、三点一刻……	欧卡智舶、中因科技、聚维元创、他山科技、极睿科技、超目科技、大橡科技、若贝特机器人、幂律智能、轻客智能、彩丞科技、博清科技、伯熹、清航紫荆装备、史河科技、AOD、星天科技、众清科技、布洛克科技、华捷艾米、华龛生物、谜镜、申请方、易咖、乐投天下	航天驭星 车300 优镓科技 清泰科 住范儿 奥罗拉电子 希澈科技 融云	艺妙神州 讯策科技 与光科技 超星未来 微构工厂 图湃医疗 阿尔法 智联 北极雄芯	极智嘉科技 镁伽机器人 蓝晶微生物	深鉴科技 朝夕日历 驭光科技 猫头鹰视界 真机智能

融资阶段

图 6.2　项目融资阶段概览

思考企业所能创造的社会价值。此时，该教育体系不仅是一条培育精神和传递知识的途径，更是一种筛选项目的有效机制。具体而言，创业教育起到了分流的作用，让有意愿创业的老师、学生通过创业教育了解创业的基本流程、可能面临的困难与挑战，以及需要解决的重大问题，并重新审视自己是否适合创业。也就是说，在创业教育的过程中，一些潜在的创业者认识到了自身的不足，主动退出创业，大大减少了由于一时兴起而产生的盲目创业行为。通过创业教育的筛选，初创团队实现了“人”和“事”的匹配，加速了创业的进程。

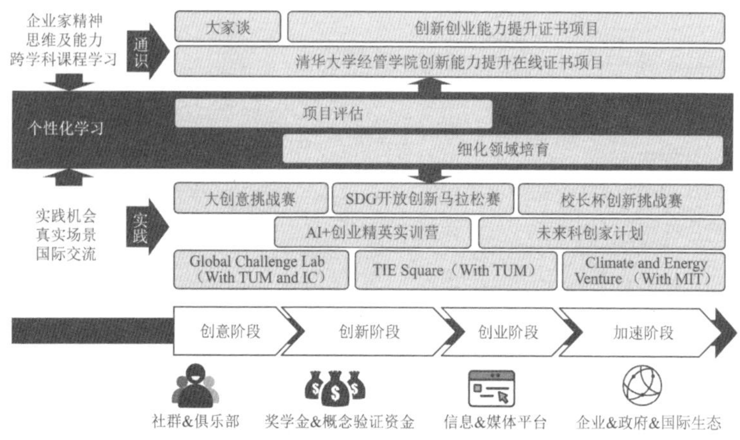

图 6.3　清华 x-lab 教育体系

创业教育在科技成果转化情境下的作用尤为明显。受个人经历和知识储备的影响，很多老师都有将实验室研发的技术转化为走进千家万户的产品的强烈愿望。正如一位化学工程系的教授所言："我在这个领域有 32 年的积累，并发表了大量的论文，但我还是希望技术能发挥更大的社会影响力。"然而，技术在转化为产品时面临的最大挑战就是技术的成熟度较低，并且能够支持技术商业化的资本又相对匮乏。蓝晶微生物的创始人李腾也曾感慨，创业教育弥补了自己的知识短板。他说："其他课程教给我们的是更多的硬技术，就是说怎么解方程式，怎么去做一个生物菌种，但是对于领导力的培养或者软技能的培养是很少的，而这个又是特别重要的。清华 x-lab 的创业教育提供了这方面的课程。"

在创业教育的指引下，学生的社会问题洞察力得以提升。此时，再回归科学研究就变成问题导向型的研究了。有明确问题导向的科研，能有效突破一些科技成果转化无法匹配到合适应用场景的困境，并避免无效的技术方向探索。

有研究表明，创业者的学习能力与企业发展速度的统一是保持企业长青的重要前提。清华 x-lab 也在创业教育过程中，重视跨界学习和专创融合，并将创新与创业紧密结合了起来。比如，开设互联网创新、传媒创新和科技创新等与创业结合的课程，邀请前沿科技领域的专家向创业者介绍某一领域的发展以及所遇到的问题等。这些交叉学科课程促进了隐性知识在不同成员间的流动，也培养了学生向书本学习、向实践学习和向他人学习的能力。

此外，清华 x-lab 还通过创新实践活动让学生直面各种难题。比如，组织开放创新学习营，通过创新项目设计和创业大赛的形式让学生了解商业计划设计中需要考虑的因素，去真切感受创办一家企业所面临的挑战与压力。在过去几年间，清华 x-lab 组织学生到访了新加坡、以色列、日本、美国、英国、法国、意大利、德国等多个国家，亲自体验不同国家与文化情境下的创业氛围，以帮助创业者进一步拓宽国际视野。

6.3.2 学校赋能科技成果转化的组织形式

为了使大家能够更全面了解清华 x-lab，下面将详细总结归纳 x-lab 的组织结构及形式。

清华 x-lab 成立于 2013 年，作为一个面向清华大学全体师生及校友的公益性教育平台，旨在发掘和培养具有创意、创新和创业精神的人才。x-lab 根植于清华大学经济管理学院，由 17 个院子合作共建，通过教育、培育和生态建设三个环节，构建了一个行之有效的“三创”教育体系，致力于促进清华大学的科技成果转化，为国家输送创新创业人才，助力国家创新驱动发展战略的实现。

清华 x-lab 为广大师生提供了位于清华大学经管学院新楼的 4000 平方米创新空间及位于清华科技园 700 平方米的办公场地，这些空间兼具开放性、交叉性和国际性，以满足师生多样化的需求。同时，清华 x-lab 还邀请了近百位行业专家为创新创业团队提供指导，为项目发展打造一个良好的生态环境。

十多年来，清华 x-lab 成绩斐然。目前，已有超过 10 万人次参与了清华 x-lab 组织的各类课程、品牌赛事、讲座论坛、参访交流等活动；有 2800 多个处于不同创业阶段的项目踊跃加入，其中有超过 960 个团队成立公司；近 300 个团队获得融资，项目累计融资超过 190 亿元人民币。

清华 x-lab 课程介绍

为了提升清华学生的综合素质和创新创业能力，2015 年清华大学推出了“清华大学创新创业能力提升项目”——“发现机会和能力提升”“解决方案”以及“建立企业”。这三个模块由清华 x-lab 承办，历时 8 年，该项目的报名人数累计达到 1360 人。很多优秀的创业团队以此为起点来发展，现已成长为业内的独角兽企业。

为扩大清华大学经济管理学院在中国高校创新创业领域的影响力，“清华大学经管学院创新能力提升在线证书项目”于 2023 年 10 月推出。该项目依托清华大学经管学院十年来积淀的创新创业精品课程，结合清华 x-lab 丰富的活动资源及培育经验，既让优质课程资源惠及更多的高校师生，也为社会学员提供高质量的创新创业教育。项目推出两个月，客户浏览量近 7 万次，报名人数远远高出其他同类项目。

清华 x-lab 的课程积极与时代发展和产业需求相结合。作为新一轮科技革命和产业变革的核心驱动力，人工智能正深刻改变着人们的生活方式、生产模式及思维方式。清华 x-lab 通过举办“AI+创业精英实训营”，从初期的筹备与选拔，到名师授课、实践经验分享、商业实战演练、企业实地参访，直至最终的成果展示，有效激发了众多清华学子对 AI 技术的兴趣与热情。实训营报名启动仅 12 天，咨询同学就有 500 多人，最后入营 50 人，覆盖了 20 多个院系书院；值得一提的是，课程邀请了众多人工智能领域的资深专家倾囊相授，他们见解独到地讲述 AI 的奥秘和魅力，带给大家宝贵的知识与深刻的启发。很多学生表示，实训营课程质量非常高，很有影响力。通过参与活动，有些项目找到了合作意向者，促进了 AI 技术的普及与应用。

清华 x-lab 联合北京美灵公益基金会推出了一项独特的人才培养计划“科创家”，旨在培养那些已经在创业路上且具有科技成果转化能力的学生，以及科技和产业领域的复合型创新人才。科创家计划依托企业家丰富的业界经验，帮助学生深化对产业的认知，提升科技创新技能。该计划坚持以需求为导向，以市场为依据，旨在发掘具有商业前景的创新人才和项目，并长期陪伴这些创业项目实现产业化落地。

科创家计划采用的是三维螺旋陪伴式加速模式，从通过“郭美玲女士 + 行业大咖 + 创业辅导员”三个维度的个性化深入辅导，结合系列主题课程、专题研讨会、户外拓展、企业参访、产业调研、团队辅导、汇报路演等一系列环节，分阶段帮助学生解决市场、团队、资金等方面的困扰。对优秀团队进行持续支持，助力项目成长，并在生命健康、新材料、人工智能领域打造更垂直、更聚焦和更深度的人才培养体系。

清华 x-lab 品牌活动

清华 x-lab 以“赛课结合”形式组织开展的“三大经典赛事”成为创新创业教育的重要抓手，它们分别是清华大学“校长杯”创新挑战赛、清华大学 SDG（可持续发展）开放创新马拉松挑战赛和清华学生大创意挑战赛。

1.“校长杯”创新挑战赛：

2013 年，时任校长陈吉宁教授在调研清华 x-lab 时，慨然应允以“校长杯”来命名创新创业赛事，这也是清华大学唯一一个以校长来命名的赛事活动。它的核心定位是以“创业为目的的创新”，面向清华大学师生、校友征集真实的创新创业项目。

截至目前“校长杯”已成功举办十二届，共有 1300 余个创业项目参赛，15000 余名学生参与，历届十强团队累计融资额超过 90 亿元。众多优秀的科技创新项目在此赛事中脱颖而出，如第二届冠军项目“蓝晶微生物”估值超 10 亿美元，已成为合成生物学领域的独角兽企业；全球仓储机器人引领者、行业独角兽企业“极智嘉”估值超 20 亿美元；第三届冠军项目“艺妙神州”估值超 60 亿元人民币；专注大模型信息处理的“深言科技”一年内估值增长 15 倍,2023 年成功入选创业邦“最值得关注的人工智能公司”。年轻的创业者们在清华 x-lab 的培育辅导过程中，展现着非凡的行动力和创造力。

2. SDG 开放创新马拉松挑战赛

由清华 x-lab 主办的“清华大学 SDG 开放创新马拉松挑战赛”是亚洲首个将联合国可持续发展目标引入高校的创新赛事。截止到 2024 年 11 月，该赛事已成功举办 6 届，共吸引超过 9000 名学生参与，产生了 1300 余个创新解决方案，成为清华大学校内规模最大、最具影 响力的赛事。其中清华大学与英国帝国理工大学、德国慕尼黑工业大学以及联合国基础训练所等高校、组织合办的国际赛道，大大提升了清华大学的国际影响力和清华学生的全球胜任力。

自 2022 年以来，该赛事引入企业命题分赛场，这一升级举措得到众多合作企业和参赛学生的高度认可。对企业而言，通过参与企业命题、导师辅导和方案评审，企业能够发掘有潜力的投资项目和人才团队，同时也能展示其在履行可持续发展社会责任方面所作的贡献；对参赛学生来说，本赛事也成为其了解企业、行业和社会的窗口，通过对企业的实地考察以及接受院系导师和企业导师的多轮深度辅导，学生团队在短短几个月的时间里能够实现解决方案的迭代，洞察力、创新能力、沟通合作能力均得到大幅提升，甚至部分学生以及师生共创的解决方案获得了企业提供的产品概念验证机会。

3. 大创意挑战赛

清华 x-lab 和清华大学校团委联合主办的“清华学生大创意挑战赛”是具有高参与率的校级品牌赛事。作为大一新生入学后参加的第一场“科创”比赛，旨在鼓励学生捕捉灵感，激发创意，引导学生不仅关注个人成长，更要关注社会的发展创新。自 2019 年秋季学期值，赛事已成功举办 6 届，有超过 500 个团队、1500 余名学生参赛。

清华 x-lab 生态建设

为贯彻国家创新驱动发展战略，全力支持清华大学科技成果转化，清华 x-lab 努力搭建了政产学研用高效结合的全链条服务支撑体系，并设计实施了“清华 x-lab 科创大家谈”系列活动。该活动从三个维度展开：院士专家分享某领域的前沿知识，产业高管分享亟待解决的产业问题，以及不同阶段的创业者分享经验和所经历的艰难险阻。

创新是人类发展与社会进步的不竭动力，未来清华 x-lab 继续将创新理念、勇毅精神薪火相传，与时代同行，与企业共创！

6.3.3 以创业者为中心的“三创”教育成就师生共创科技成果转化

师生共创模式的核心是学生，清华大学 x-lab 持续致力于探索和深化以创业者为中心的创新创业教育理念，力求对现有教育框架不断优化和完善，以促进学生的全面成长，支持师生共同创造的模式，提升创业的成功概率，并推动科技成果的有效转化。为此，我们采取的主要措施涵盖以下几方面。

1. 结合国家战略方向，全面升级企业合作

案例中，很多学生创业者在市场定位和产品迭代中的探索，实际上反映了从技术思维向用户思维转变的过程。这不仅是对真实应用场景的认知与理解，也是与产业上下游建立合作并实现共赢的努力。例如，“SDG 开放创新马拉松挑战赛”的赛道设计，不仅响应了联合国可持续发展目标，还依据国家发展规划和远景目标，并结合清华大学各院系的优势，引入了企业的真实命题。这一设置鼓励学生深入了解和分析企业的实际需求及产业面临的问题，以需求为导向，基于市场情况，利用前沿技术和高校的科研成果进行探索与分析，构建跨学科的联合解决方案。

这种做法不仅促进了技术从实验室到市场的转化，为有组织的创新提供了新的方法和实践案例，也培养了学生解决实际问题的能力，使他们能够更好地应对未来的挑战。通过这种方式，清华 x-lab 不仅推动了技术创新，更促进了教育与产业之间的深度融合，为学生的全面发展和创业项目的成功奠定了坚实的基础。

2. 扩展国际化交流，加强文化交流

清华 x-lab 一贯推崇交叉创新的理念，不仅鼓励不同学科之间的融合，还支持跨年龄段、跨工作背景及跨文化的交流与合作。在持续的交叉创新实践中，可以发现，具有不同国际背景的团队相较于其他形式的交叉团队展现出更为开放和富有创新性的状态及成果。这表明国际化的多样性能够显著提升团队的创新能力。

随着大量实验室技术转化项目的涌现，许多项目也表达了拓展海外市场的愿望。扩展国际化交流对于开阔视野和加强国际合作显得尤为重要。基于长期与德国慕尼黑工业大学及英国帝国理工学院的合作经验，清华 x-lab 进一步深化了与美国、俄罗斯、意大利、新加坡及“一带一路”沿线多个国家和地区的多元化国际合作。

值得一提的是，清华 x-lab 首次与 MIT Martin Trust Center（麻省理工学院马丁创业中心）共同举办的气候与能源创新项目（Climate and Energy Ventures（CEV）)，为两校学生提供了一个高水平的交流与合作平台，提供了高质量教育和沟通的机会。这一合作不仅强化了双方在气候变化和能源领域创业的交流，也为培养全球视野的创新型人才开辟了新的路径。

通过这些努力，清华 x-lab 致力于构建一个更加开放和多元的创新生态系统，促进不同背景创业者之间的深度交流与合作，助力技术创新和成果转化走向世界舞台。

3. 构建以创业者为中心的展示舞台

创业者需要展现个人能力和项目构想的机会，还需要一个有效的平台来连接创业者与潜在的合作伙伴、投资者及客户，以助力他们将创意转化为现实，推动创业项目的成长与发展。特别是对于师生共创项目而言，容易出现过于关注技术优势而忽视客户的实际需求。

为此，清华 x-lab 特别为专注于硬科技的创业项目设计了一门课程——“如何讲好硬科技创业故事”。这门课程通过使用身边的实际案例，揭示了硬科技项目中常见的误区，并针对“为什么做？

如何实现？为什么是你？”这三个关键问题提供了切实可行的建议。通过这样的方式，帮助创业者更好地理解并传达他们的项目价值。

在校园内，清华 x-lab 创建了一个名为“创业角”的空间，旨在为创业者提供一个自由交流的环境，促进思想碰撞和资源共享。而在校外，清华 x-lab 也积极为创业者搭建展示自我的舞台，连接企业和地方资源，以拓展创业者的视野和网络。

总之，清华 x-lab 在努力构建一个全面的支持体系，确保每一个有潜力的创业想法都能获得充分的关注。师生共创项目的创业者通过一系列的活动和支持，将创新理念转化为实际成果，从而推动科技成果的转化。2024 年 10 月 16 日，习近平总书记在给中国国际大学生创新大赛参赛学生代表回信中说“创新是人类进步的源泉，青年是创新的重要生力军。”他殷切希望大学生“弘扬科学精神，积极投身科技创新，为促进中外科技交流、推动科技进步贡献青春力量。”总书记要求“全社会都要关心青年的成长和发展，营造良好创新创业氛围，让广大青年在中国式现代化的广阔天地中更好展现才华。”

清华 x-lab 郝秀清主任作为优秀创新创业导师代表，在回复总书记的回信中激动地表示：“很开心看到学生们在我们的指导下迅速地成长蜕变！清华大学的‘三创’教育平台（清华 x-lab）会继续加强对学生创新能力的培养，引导他们关注国家需求，服务国家创新驱动发展战略的实现；同时会鼓励更多清华学子关注人类可持续发展问题，帮助学生迈出从 0 到 1 的关键一步，并引导他们持续优化创新成果，为中国式现代化贡献清华方案！”

∵ 参考文献 ∴

[1] Lehrer, M., Asakawa, K.（2004）Rethinking the Public Sector: Idiosyncrasies of Biotechnology Commercialization as Motors of National R&D Reform in Germany and Japan［J］. Research Policy, 33（6-7）: 921-938.

[2] Steffensen, M., Rogers, E. M., Speakman, K.（2000）Spin-Offs from Research Centers at a Research University［J］. Journal of Business Venturing, 15（1）: 93-111.

[3] Zuzul, T., Tripsas, M.（2020）Start-up Inertia Versus Flexibility: The Role of Founder Identity in a Nascent Industry［J］. Administrative Science Quarterly, 65（2）: 395-433.

[4] Freel, M., Persaud, A., Chamberlin, T.（2019）Faculty Ideals and Universities' Third Mission［J］. Technological Forecasting and Social Change, 147: 10-21.

[5] Sauermann, H., Stephan, P.（2013）Conflicting Logics? A Multidimensional View of Industrial and Academic Science［J］. Organization Science, 24（3）: 889-909.

[6] 李纪珍，李晓华，陈聪，等.（2020）学术创业企业从 0 到 1 的成长. 科研管理，41（6）: 139-148.

[7] 李晓华，柯罗马.（2021）跨越死亡之谷：以大学风险投资激活科技成果转化系统为例. 清华管理评论，（9）: 51-59.

[8] 李晓华，李纪珍，高旭东.（2020）大学的第三使命：从研究型大学向创业型大学的转型. 科学学研究，38（12）: 2131-2139.